新編 生命の實相 第43巻

久遠仏性篇

常楽宗教の提唱

中

谷口雅春
Masaharu Taniguchi

光明思想社

編者はしがき

本書には、前巻に続く久遠仏性篇のうち、第七章「久遠《くおん》を流るるいのち」及び第八章「吾等《われら》の祈願及び修養」の全十六項目の内、十三項目までが収録されている。

第七章の「久遠を流るるいのち」とは「大生命」即ち「神」のことである。そして本全集『生命の實相』の書き手は「久遠を流るるいのち」であり、聖書や仏典同様、著者名がない。もちろん現実世界の出版事情を考慮し、「谷口雅春著」と記載されてはいるが、『生命の實相』の真の著者は、天界より天降って「真理」を鳴り響かせている「久遠を流るるいのち」であると谷口雅春先生は明言しておられる。そして、次のように語られるのである。
「諸教は私にとってはその夾雑物《きょうざつぶつ》を除いたとき、いずれもただ一つ、『久遠《くおん》を流るるいのち』の表現であった。すべての宗教はこの『久遠を流るるいのち』によって互に手を繫《つな》ぎ合《あ》わすべきものではないだろうか。救われるのは宗教の儀礼によってではない、ただこの『久遠を流るるいのち』によってである。いのち！　いのち！　私はいのちの衝動を感じて『生長の家』を、『生命の實相』を書きはじめたのであった。これの本当の著者は『久遠を流るるいのち』である。そして『生長の家』を創《はじ》めたのは『久遠を流るるいのち』であったのだ」(四六頁)
本全集の第一巻でも「私がペンをもって机に向うとき、私はもうふだんの私ではないのである。霊来《きた》りて私を導く。弱い性質の私にはとても書けない強い言葉が流れるように湧いて来る」(一九〜二〇頁)と書かれている。
そして、幾人《いくにん》もの人々に「白髪《はくはつ》の老翁《ろうおう》」の姿を現し、埼玉県の笠原政好氏に至っては霊眼によって谷口雅春先生の執筆時の情景をありありと凝視《ぎょうし》したのである。

「まだ何行《なんぎょう》とも書かぬ中《うち》先生は無我の中《うち》に置かれ、またたくまにペンのスピードは前とはまるで変ってくる。走る走るあらっと思う間もなく全然先生とは異《ちが》った人になっている。口許《くちもと》の締った、あご髭の胸まで垂れ下った、見るだに気高き霊人《れいじん》だ。あれ先生はどこにと、見詰めた。ああ先生は霊人の内に融《と》け込《こ》んでいるのだ。霊人は全支配権を握って、わき目も振らず書を進めて行《ゆ》く。あれ何《な》んという、推敲《すいこう》もせずそしてペンの早さは目も及ばぬ程だ。まあ不思議なこと一体どこから来た方《かた》だろう。霊人の体から神々《こうごう》しい霊光《れいこう》が放たれ付近は光明浄土と化した。静寂また静寂、付近はまだ霊人の占領地となっている。やがてペンははたと止み、霊人はどこにか姿を消してしまった」(新編『生命の實相』第一巻二二一〜二二三頁)

この「霊人」は、「久遠《くおん》を流るるいのち」が具体的に姿を現したものであろう。そしてこの「久遠を流るるいのち」は釈迦の裡《うち》にも現れ、キリストの裡にも現れ、アメリカのニュー・ソートの思想家達の裡《うち》にも現れ、およそ正しい教えを説いた宗教家、哲学者、思想家の裡にも現れた。時と処《ところ》に応じて、様々な姿・形をもって、ただ一つの

「久遠《くおん》を流るるいのち」が千差万別の相《すがた》をもって顕現したのであろう。

谷口雅春先生は「万教帰一」を説かれる。即ちすべての正しい宗教は同じ一つの真理を説かれていると説くのである。なぜならそれらの教えはすべて「久遠《くおん》を流るるいのち」から発出しているからである。

次の第八章「吾等《われら》の祈願及び修養」は『生長の家とは如何《いか》なるものか』と題されて単行本としても発行されている。当時、出版元が「生長の家」の教えの入門書的な書籍の発行を谷口雅春先生にご相談したところ、この第八章をそれに当てるよう指示されたといわれている。

確かに、この章は「生長の家」の誕生やその特徴の解説から始まって、「人間神の子」の真理を生活に生かすこと、そして一切万物に感謝すること、心の波長を神に合わすこと、自分や他人の「悪」を見ずに光明面のみを見ること、何者にも何事にも恐れず神とともに生きること、自分ばかりではなく隣人をも真理を伝え幸福生活に導くこと、神を愛する如く自分を愛すること、皇室と自分の祖先を敬うこと等、人間が持つべき心のあり方が述べられている。

ここで谷口雅春先生は「七つの自覚《さとり》の心」を挙げておられる。平和の心、明るい心、悦びの心、深切の心、有難い心、無我の心、自在の心である。その七つの心を持《じ》すれば健全なる肉体が現れ、逆にその反対の心である不安・焦躁・恐怖の心、暗く陰鬱な心、不平・不満足な心、冷淡な心、忘恩の心、利己的な心、一事物に引っかかる心などの「七つの迷いの心」が病気を起こし、その症状は「心の状態相応の形をもって現れる」と説かれている。

「欠点と暗黒とはあるように見えても本来ないものでありますから、心に描かずに捨て置けば消えるのであります。美点と光明とはないように見えても本来実在なのですから、心が執《とら》われなくなったときその本来のある姿があらわれて来るのであります。だから生長の家家族の祈願には自他の悪を云為《うんい》する時間があるならば、神を想い、完全を想い、自己の新生と生長とを努めようではないかと書いてあるのであります」（一二二頁）

まことに、この第八章は谷口雅春先生が説かれる「真理」を生活に活かす上で欠かすことの出来ない「心の持ち方」が徹底的に詳述されている。是非とも熟読の上、実践されることを願ってやまない。

令和二年十月吉日

谷口雅春著作編纂委員会

久遠仏性篇

常楽宗教の提唱（中）

目次

編者《へんじゃ》はしがき

久遠仏性篇《くおんぶっしょうへん》　常楽宗教《じょうらくしゅうきょう》の提唱《ていしょう》（中）

凡例

一、本全集は、昭和四十五年～昭和四十八年にわたって刊行された愛蔵版『生命の實相』全二十巻を底本とした。本書第四十三巻は、愛蔵版第十四巻『久遠佛性篇』を底本とした。

一、本文中、底本である愛蔵版とその他の各種各版の間で異同がある箇所は、頭注版、初版革表紙版、黒布表紙版等を参照しながら確定稿を定めた。

一、底本は正漢字・歴史的仮名遣いであるが、本全集は、一部例外を除き、常用漢字・現代仮名遣いに改めた。

一、現在、代名詞、接続詞、助詞等で使用する場合、ほとんど用いられない漢字は平仮名に改めた。

一、本文中、誤植の疑いがある箇所は、頭注版、初版革表紙版、黒布表紙版等各種各版を参照しながら適宜改めた。

一、本文中、語句の意味や内容に関して註釈が必要と思われる箇所は、頭注版を参照しつつ脚註として註を加えた。但し、底本の本文中に括弧で註がある場合は、例外を除き、その箇所のままとした。

一、聖書、仏典等の引用に関しては、明らかに原典と異なる箇所以外は底本のままとした。

一、頭注版『生命の實相』全四十巻が広く流布している現状に鑑み、本書の章見出し、小見出しの下の脚註部分に頭注版の同箇所の巻数・頁数を表示し、読者の便宜を図った。

一、本文と引用文との行間は、読み易さを考慮して通常よりも広くした。

一、本文中に出てくる書籍名、雑誌名はすべて二重カギに統一した。

久遠仏性篇　常楽宗教の提唱（中）

第七章　久遠《くおん》を流るるいのち

頭注版㉗一四七頁

我時《われとき》に衆生《しゅじょう》に語る、常《つね》に此《ここ》に在《あ》りて滅《めっ》せず、方便力《ほうべんりき》を以《もっ》ての故《ゆえ》に、滅不滅有《めつふめつあ》りと現《げん》ず。余国《よこく》に衆生《しゅじょう》の恭敬《くぎょう》し信楽《しんぎょう》する者《もの》あらば、我復彼《われまたかれ》の中《うち》に於《おい》て、為《ため》に無上《むじょう》の法《ほう》を説《と》く、汝等此《なんじらこれ》を聞かずして但我滅度《ただわれめつど》すと謂《おも》えり。我諸々《われもろもろ》の衆生《しゅじょう》を見るに、苦界《くかい》に没在《もつざい》せり、故《ゆえ》に為《ため》に身《み》を現《げん》ぜずして、其《そ》れをして渇仰《かつごう》せしむ、其《その》心の恋慕《れんぼ》するに因《よ》りて、乃《すなわ》ち出《い》でて為《ため》に法を説く……

久遠　仏教語。永遠

衆生　生命ある全て

方便力　衆生を導くための便宜的な方法

余国　他の国。外国

恭敬　つつしみ敬うこと

信楽　阿弥陀仏の救いを信じて願うこと

滅度　釈迦が涅槃に入る(死ぬ)こと

苦界　苦しみに満ちた世の中

没在　落ち込んでいること

渇仰　喉が渇き水を欲するように、強くあこがれ慕うこと

（『法華経《ほけきょう》』「如来寿量品《にょらいじゅりょうほん》」自我偈《じがげ》）

一　著者《ちょしゃ》の無《な》い書物《しょもつ》

「生長《せいちょう》の家《いえ》は久遠《くおん》の昔《むかし》からある」ということが教《おし》えの中《なか》に時々《ときどき》出て来るのである。『生長の家』が地上《ちじょう》で私の手によって創刊《そうかん》せられたのは昭和《しょうわ》五年《ねん》一月の事《こと》であるから、『生長の家』という雑誌《ざっし》が「久遠《くおん》の昔」からあるわけはないし、また宗教法人《しゅうきょうほうじん》生長の家というものが「久遠《くおん》の昔」からあるわけはない。また私の年齢《ねんれい》は地上《ちじょう》に顕現《けんげん》してから数《かぞ》えると、四十四年（昭和十一年本項執筆当時《ほんこうしっぴつとうじ》）であるから、地上の私というものが「久遠《くおん》の昔」から存在《そんざい》するわけはない。私が「生長の家は久遠《くおん》の昔からある」といったのは、生長の家というものが、まことにも私の私有《しゆう》のものではないという意味《いみ》である。生長の家は実《じつ》に「久遠《くおん》を流るるいのち」の所有《もの》である。私はそれを本当《ほんとう》に信じてい

『法華経』　『妙法蓮華経』の略。大乗経典中最も高遠な教えが説かれているとされる

「如来寿量品」自我偈　「如来寿量品」は『法華経』第十六品。最初の一句が「自我得仏来」で始まるため「自我偈」とも呼ばれる

頭注版㉗一四七頁

『生長の家』　著者の個人雑誌として昭和五年に創刊された。発行日は三月一日であるが、一月には印刷納本されていた。本全集第三十一～三十三巻「自伝篇」参照

宗教法人生長の家　昭和二十年公布の宗教法人令により二十一年九月に「宗教法人生長の家」となったが、本書執筆当時は「教化団体『生長の家』」と表記されていた

るのであるしそれであってこそ生長《せいちょう》の家《いえ》には、ただ書《しょ》を読むだけによって病気《びょうき》が治《なお》るというが如《ごと》き奇蹟《きせき》すらも生《しょう》じて来《く》るのである。何故《なぜ》なら、かくてこそ生長の家の発行書《はっこうしょ》を読むことによって、「谷口《たにぐち》」という私のいのちに触《ふ》れるのではなく「久遠《くおん》を流るるいのち」に触れることになるからである。

その意味《いみ》に於《お》て、私は『生命《せいめい》の實相《じっそう》』大聖典《だいせいてん》は勿論《もちろん》、縮刷《しゅくさつ》の革表紙《かわびょうし》聖《せい》典《てん》、及《およ》び全集版《ぜんしゅうばん》の『生命《せいめい》の實相《じっそう》』に到《いた》るまで、その表紙《ひょうし》及び装幀《そうてい》から、著《ちょ》者《しゃ》の名前《なまえ》を抜《ぬ》いてしまったのである。出版法規《しゅっぱんほうき》の関係上《かんけいじょう》、それらの著作《ちょさく》の奥附《おくづけ》にはやはり著者として「谷口」という名は存《そん》してある。それは法律《ほうりつ》に規《き》定《てい》されていることであるから仕方《しかた》がないのである。仏典《ぶってん》の奥附《おくづけ》を見ても、聖《せい》書《しょ》の奥附《おくづけ》を見ても著者名《ちょしゃめい》はない。『生命《せいめい》の實相《じっそう》』はやがてそういう出版法規や、対社会的《たいしゃかいてき》な版権問題《はんけんもんだい》が云為《うんい》されない時代《じだい》が来《き》た時《とき》には著者としての私の名前は抜いてしまって好《よ》いし、また抜いてしまうべきものである。私が私の生長の家という一宗《しゅう》一派《ぱ》を弘《ひろ》めるつもりでないのは昭和《しょうわ》十一年《ねん》十二月号《がつごう》

大聖典　昭和十一年刊。その時点までに発行された黒布表紙版『生命の實相』全集全十二巻を一冊にまとめて限定頒布された大型本。著者の揮毫があり、装幀にも意匠が凝らされた

縮刷の革表紙聖典　「地・水・火・風・道・教・行・信・證」の九巻に系統立てられた『生命の實相』

全集版　昭和十年一月より発行された黒布表紙版

奥附　書物の末尾に書名、著者名等を記載した部分

仏典　仏教の経典

聖書　ユダヤ教とキリスト教の聖典

云為　あれこれと言うこと

起草　文案を作ること

定款　法人が組織や活動などを定めた根本規則

神髄　最も重要で奥深いことがら。真髄

宣揚　広く世の中に示すこと

の『生長《せいちょう》の家《いえ》』誌《し》に、当時《とうじ》の生長の家を法人《ほうじん》に移《うつ》す準備《じゅんび》として起草《きそう》した定《てい》款《かん》からも初代《しょだい》の総裁《そうさい》としての名を抜《ぬ》いてしまい、「一切宗教《いっさいしゅうきょう》の神髄《しんずい》を宣揚《せんよう》し、一切宗教の融和《ゆうわ》を計《はか》り」と書いて少しも生長の家独創《どくそう》のものを主張《しゅちょう》していないのでも明《あきら》かである。「生長の家」とは私のものでなく「久遠《くおん》を流るるいのち」が、人類《じんるい》を和《わ》するために生《う》まれたのである。

二　久遠《くおん》のいのちに触《ふ》るるもの

『生命《せいめい》の實相《じっそう》』の著者《ちょしゃ》は本当《ほんとう》は「久遠《くおん》を流るるいのち」なのである。釈迦《しゃか》も「久遠《くおん》を流るるいのち」を把握《はあく》したし、キリストも「久遠《くおん》を流るるいのち」を把握したのである。そのほか空海《くうかい》、最澄《さいちょう》、親鸞《しんらん》、日蓮《にちれん》もすべて「久遠《くおん》を流るるいのち」を把握したのであろう。カントも、ヘーゲルもエマーソンもそうであるかも知れない。そう私は考えるほか仕方《しかた》がないのである。否《いな》、さ

頭注版㉗一四九頁

釈迦　紀元前四六三～前三八三年頃。仏教の始祖。現在のネパールの釈迦族の王子だったが出家した。苦行の末三十五歳で悟りを開いた

キリスト　キリスト教の始祖。紀元前四年頃～紀元三十年頃。ナザレの大工ヨセフと妻マリアの子として生まれた。パレスチナで教えを宣布し、多くの奇蹟を起こした。ローマのユダヤ総督ピラトによって磔に処された

空海　宝亀五～承和二年。高野山に金剛峯寺を創建して日本に真言密教をもたらした。諡号（おくりな）は弘法大師

最澄　神護景雲元～弘仁十三年。入唐して天台宗を学び、比叡山に延暦寺を建立して日本天台宗を開いた。諡号（おくりな）は伝教大師

らにそういう色々《いろいろ》の名《な》だたる宗祖教祖《しゅうそきょうそ》といわれる人《ひと》だけではなく、仏典《ぶってん》を結集《けっしゅう》し、聖書《せいしょ》を結集した釈迦《しゃか》の弟子《でし》、キリストの弟子、更《さら》にそれに改竄《かいざん》を加えて往《い》った後代《こうだい》の弟子たちや、それを諸国《しょこく》の文字《もんじ》に移《うつ》し植《う》えた翻訳者《ほんやくしゃ》たちも、また「久遠《くおん》を流るるいのち」に或《あ》る程度《ていど》まで触《ふ》れていたのである。そうでなければ、釈迦《しゃか》のことばを、ただの肉体《にくたい》の人間《にんげん》である阿難《あなん》がそんなに詳《くわ》しく、「あの時《とき》にはああであった」と一々《いちいち》の場合《ばあい》について覚《おぼ》えてはいられなかったであろうし、覚えていてもそう詳《くわ》しくは話《はな》し得《え》なかったに違《ちが》いないと思う。マタイにしても、マルコにしても、ルカにしても、ヨハネにしても、キリストのいった言葉を、あんなに力《ちから》づよく聖書の中《なか》に表現《ひょうげん》し得《え》たのは、キリストの言った言葉をただ頭《あたま》で覚えていただけでは出来得《できえ》なかったに違いない。それを完全《かんぜん》になし得《え》たのは、マタイも、マルコも、ルカも、ヨハネも「久遠《くおん》を流るるいのち」に触れていたからである。大乗経典《だいじょうきょうてん》は後世《こうせい》の偽作《ぎさく》であり、聖書は仏典《ぶってん》の焼き直しだとの説《せつ》もあるが、偽作であろうが、焼き直

親鸞　親鸞聖人。承安三～弘長二年。鎌倉時代の僧。浄土真宗を立教した

日蓮　日蓮上人。承久四～弘安五年。鎌倉時代の僧。日蓮宗の開祖

カント　Immanuel Kant　一七二四～一八〇四年。プロイセン王国(ドイツ)の哲学者。ドイツ古典主義哲学の祖とされる

ヘーゲル　Georg W. F. Hegel　一七七〇～一八三一年。ドイツの哲学者。ドイツ観念論の完成者

エマーソン　Ralph Waldo Emerson　一八〇三～一八八二年。アメリカの思想家、作家。主著は『自然論』『エッセー集』など

阿難　釈尊の従兄弟で十大弟子の一人

マタイ　十二使徒の一人。『新約聖書』「マタイ伝」の著者とされる

しであろうが、一篇《ぺん》の架空《かくう》な作り物語《ものがたり》であろうが、そんなことで大乗経《だいじょうきょう》典《てん》の価値《かち》が減《へ》ったり、聖書《せいしょ》の価値が減ったりするものではない。聖書の日本《にっぽん》訳《やく》だって「久遠《くおん》を流るるいのち」があれに働《はたら》きかけねば、あれだけの名文《めいぶん》が出来《でき》るわけはない。聖書は新しい訳《やく》よりも旧訳《きゅうやく》が一層《いっそう》よい。

三　久遠《くおん》のいのちの釈迦《しゃか》

著作《ちょさく》の人生的価値《じんせいてきかち》は「表現《ひょうげん》」にあるのである。釈迦《しゃか》が真理《しんり》を悟《さと》っても、拈華微笑《ねんげみしょう》も説教《せっきょう》もしなかったら、釈迦《しゃか》はたとい真理を悟っていたにしても、それはただ自分《じぶん》だけの個中《こちゅう》の消息《しょうそく》であって後世《こうせい》に伝わらなかったろうし、それによって多くの人々《ひとびと》が救《すく》われはしなかったであろう。釈迦《しゃか》によって多くの人々が救われたのはその悟《さとり》の表現によってである。托鉢《たくはつ》も行乞《ぎょうこつ》も拈《ねん》華微笑《げみしょう》も説教もすべての「行《タート》」は表現にほかならない。かくて釈迦《しゃか》の悟《さとり》が、

マルコ　パウロやペテロの伝道に同行したというキリスト教徒。『新約聖書』「マルコ伝」の著者とされる

ルカ　使徒パウロの伝道に同行した。『新約聖書』「ルカ伝」及び「使徒行伝」の著者とされる

ヨハネ　十二使徒の一人。『新約聖書』中の「ヨハネ伝」「ヨハネ黙示録」の著者とされる

大乗経典　個人の悟りにとどまらず、多くの人々の救いを説く経典。『華厳経』『般若経』『維摩経』『法華経』『大般涅槃経』など

偽作　本来の作者の作品に見せかけて作ること。その作品。

焼き直し　すでに発表された作品を少しだけ作り替えること

旧訳　文語体による日本語訳聖書

頭注版㉗一五〇頁

その表現《ひょうげん》によって迦葉《かしょう》に伝わり、阿難《あなん》につたわり、龍樹《りゅうじゅ》につたわり……転々《てんてん》としてその法輪《ほうりん》が全地表《ぜんちひょう》を蔽《おお》うようになったのである。まことに、これこそ法輪《ほうりん》を転《てん》ずるというべきである。

考えてみれば、釈迦《しゃか》が悟《さとり》をその教《おし》えや行《おこな》いに表現してくれても、阿難《あなん》がそれをまた言葉に表現し、それを誰《たれ》かが筆記《ひっき》して文字《もんじ》に伝えてくれなかったならば、この転法輪《てんぽうりん》は成就《じょうじゅ》しなかったのである。仏教《ぶっきょう》の経典《きょうてん》を肉体《にくたい》の釈迦《しゃか》一代《だい》四十余年間《よねんかん》の説法《せっぽう》に割当《わりあ》てて、華厳《けごん》、阿含《あごん》、方等《ほうとう》、般若《はんにゃ》、法華《ほっけ》、涅槃《ねはん》などに分《わ》けて生《い》きているうちに順次《じゅんじ》これをお説《と》きになったのだと見る観方《みかた》もあるが、肉体の釈迦《しゃか》はただ、『阿含経《あごんぎょう》』(『法句経《ほっくきょう》』などもこの中《うち》にある)などの小乗経《しょうじょうきょう》を説《と》いたに過《す》ぎないのであって、大乗経典《だいじょうきょうてん》は釈迦《しゃか》が説いたのではないとの学説《がくせつ》もある。木村泰賢博士《きむらたいけんはくし》などはこの説《せつ》を採用《さいよう》していたのである。しかしこれは釈迦《しゃか》というものを、『法華経《ほけきょう》』にあるように「久遠《くおん》を流るるいのち」と見ないで「釈氏《しゃくし》の宮《ぐう》を出《い》でて、伽耶城《がやじょう》を去ること遠からず道《どう》

拈華微笑　禅の公案の一つ。釈迦が蓮華の花をひねって皆に示すと迦葉だけが真意を理解して微笑したという故事。「中心帰一」の真理を示す
個中の消息　物事の深い道理をきわめることによって得られる醍醐味
托鉢　鉢を持って各戸をまわり、施しを受ける修行
行乞　托鉢に同じ
タート　tat ドイツ語。行為。行動
迦葉　釈迦の十大弟子の一人
龍樹　大乗仏教の基礎を確立したインドの学僧
法輪　仏の教えを車輪にたとえた言葉
転法輪　仏が教えを説くこと
華厳　『大方広仏華厳経』。大乗仏教の経典
阿含　『阿含経』。初期仏教の経典
方等　大乗仏教の経典。『方広』とも言う

場《じょう》に坐《ざ》して悟道《さとり》を得《え》てから僅《わず》か四十余年《よねん》を経《へ》た」という観方《みかた》である。――しかし本当《ほんとう》の釈迦《しゃか》(肉体《にくたい》の釈迦《しゃか》ではない)は「久遠《くおん》を流るるいのち」そのものなのである――『法華経《ほけきょう》』中《ちゅう》の言葉を籍《か》りていえば「彼実《かれじつ》に成仏《じょうぶつ》してより已来《このかた》、無量無辺《むりょうむへん》百千万億那由他劫《まんおくなゆたこう》」なのである――釈迦《しゃか》は「久遠《くおん》を流るるいのち」そのものなのである。

かく釈迦《しゃか》が「久遠《くおん》を流るるいのち」そのものなることが判明《はんめい》するならば、大乗仏教経典《だいじょうぶっきょうきょうてん》が、肉体釈迦《しゃか》の滅後《めつご》百年に出来《でき》ようとも、乃至《ないし》は二百年、三百年後に編纂《へんさん》されようとも、そんなことは問題《もんだい》ではないのである。もしその大乗経典《だいじょうきょうてん》に本当の「真理《しんり》」が――換言《かんげん》すれば、本当に「久遠《くおん》に流るるいのち」が――表現《ひょうげん》されていて、それが吾等《われら》に呼《よ》びかけるならば、その大乗経典の本当の著者《ちょしゃ》は「久遠《くおん》に流るるいのち」そのものであらねばならない。そして釈迦《しゃか》が「久遠《くおん》に流るるいのち」そのものであるならば、肉体釈迦《しゃか》の滅後《めつご》、何《なん》百年後《ねんご》に書かれた大乗経典であっても、それは釈迦《しゃか》の著《あらわ》した大乗

般若　『般若経』。大乗仏教の経典

法華　『妙法蓮華経』。大乗仏教の経典

涅槃　『大般涅槃経』。大乗仏教の経典

『法句経』　現存する最古の経典の一つ

小乗経　小乗仏教の経典

木村泰賢博士　明治十四～昭和五年。仏教学者・インド哲学者。近代仏教学の開拓者の一人。著書に『印度六派哲学』『阿毘達磨論の研究』等がある

釈氏　釈迦が在俗の頃の氏姓

伽耶城　釈迦の出身地である古代マガダ国の都城。カピラバストゥ城

無量無辺百千万億那由他劫　数えることができないほど長い時間

経典であるといっても差支《さしつか》えはないのである。

四　仏典《ぶってん》を論《ろん》ずると仏教《ぶっきょう》を悟《さと》るとは異《ちが》う

訓詁的《くんこてき》に仏教《ぶっきょう》経典《きょうてん》を研究《けんきゅう》する学者《がくしゃ》は、著作《ちょさく》の年代《ねんだい》とか、本当《ほんとう》の著者《ちょしゃ》の名前《なまえ》とかを問題《もんだい》にしたがって肝腎《かんじん》の問題であるべきその書《しょ》に、本当に「久遠《くおん》を流るるいのち」が生《い》きているかどうかを忘れてしまう傾向《けいこう》があるのは遺《い》憾《かん》である。木村泰賢博士《きむらたいけんはくし》はその論文《ろんぶん》「仏教研究《ぶっきょうけんきゅう》の方法《ほうほう》とその方針《ほうしん》」の中《なか》で、「仏教を研究するためには――根本的《こんぽんてき》なところまで進まんとする限《かぎ》り――その語学的準備《ごがくてきじゅんび》として、サンスクリット語、パーリ語、而《しか》して出来《でき》得《う》るならば西域地方《せいいきちほう》の古代方言《こだいほうげん》にも通《つう》ずるの必要《ひつよう》がある。殊《こと》にサンスクリット語は多くの大乗経典《だいじょうきょうてん》の原語《げんご》として、パーリ語は南方仏典《なんぽうぶってん》の聖語《せいご》として少《すく》くとも一《ひ》と通《とお》りそれ等《ら》に通《つう》ずるにあらざれば、仏典を根本的に論ずるの資格《しかく》なしとい

頭注版㉗一五二頁

訓詁的　注釈や解釈に重きを置くさま

「仏教研究の方法とその方針」　甲子社書房刊『真空より妙有へ』等に収録

サンスクリット語　古代インドの文章語。梵語とも言う

パーリ語　原始仏教の経典が記された古代インドの言語

而して　そうして

西域地方　現在の中国大陸から見て西の地方の国々の総称

南方仏典　大乗仏教の経典に対し、初期に成立した仏教の経典。『阿含経』『発句経』など

聖語　聖者の尊い言葉

うも不可《ふか》なかろうと思う。漢訳《かんやく》の上《うえ》に於《おい》てのみ千言《げん》万語《ご》を費《ついや》したからとて、時《とき》に一冊《さつ》の原典《げんてん》によりて即座《そくざ》に顚覆《てんぷく》せらるるの場合《ばあい》なしとも限《かぎ》らぬことを忘れてはならぬ」といっていられるが、まことにも木村博士《きむらはくし》のいわるる通《とお》り「仏典を論ずる」ためには、サンスクリット語や、パーリ語や、西域地方《せいいきちほう》の古代《こだい》の方言《ほうげん》やチベット語などさえも必要《ひつよう》であろう。しかし、それは「仏典《ぶってん》を論《ろん》ずる」ためであって「仏教《ぶっきょう》を悟《さと》るため」ではないのである。幾《いく》千巻《がん》の『大蔵経《だいぞうきょう》』の第何頁《だいなんページ》に如何《いか》なる語が書いてあるかというようなことは、仏典を論ずるためには、必要であるかも知れない。けれども吾々《われわれ》のさとりのためには何《なん》の効果《こうか》もないのである。たとい『大蔵経《だいぞうきょう》』のどの経《きょう》のどの頁《ページ》にどんな言葉が書いてあろうとも、また年代《ねんだい》がたしかに釈迦滅後直後《しゃかめつごちょくご》の結集《けっしゅう》のお経《きょう》であろうとも、肉体《にくたい》の釈迦《しゃか》が本当《ほんとう》にそれを説《と》いたかどうかは証拠《しょうこ》がない。前日《まえのひ》、私が軍人会館《ぐんじんかいかん》で講演《こうえん》しておいて、今日《きょう》それを覚えていて書いてみよといっても、たった一回《かい》の講演ですら、本人《ほんにん》は勿論《もちろん》、聴衆《ちょうしゅう》の一人《ひとり》も、私

不可なかろう　よいだろう

漢訳　漢文に翻訳した仏典。仏教がインドから中国大陸で弘まる基となった。主な翻訳者は鳩摩羅什や玄奘など

顚覆　ひっくり返ること

『大蔵経』　釈迦が説いたとされる大乗仏教の経典の総称。「一切経」とも呼ばれる

軍人会館　昭和九年に在郷軍人会の主導により東京の九段に竣工した施設。昭和三十二年に九段会館に改称

の喋《しゃべ》った通《とお》りには書《か》き得《え》ないのである。阿難《あなん》が如何《いか》に物憶《ものおぼ》えが好《よ》い男であったにしても、四十余年間《よねんかん》の釈迦《しゃか》の説法《せっぽう》を釈迦《しゃか》のいったそのままに憶《おぼ》えているなどということは出来《でき》るものではない。そうすると、如何《いか》にサンスクリット語やパーリ語の経典《きょうてん》が阿難《あなん》の口述《こうじゅつ》した通《とお》りに書かれていても、また語学《ごがく》が如何《いか》に完全《かんぜん》に出来る人《ひと》がその経典を読んだにしても、それは肉体《にくたい》の釈迦《しゃか》がいったそのままの教《おしえ》の研究《けんきゅう》にはならない。結局《けっきょく》語学や経典によって釈迦《しゃか》の教《おしえ》を研究しようなどという企《くわだ》ては、暗中模索《あんちゅうもさく》の靴《くつ》を隔《へだ》てて痒《かゆ》きを掻《か》くに類《るい》する努力《どりょく》であって、それはいつまでも語学の世界《せかい》と考証《こうしょう》の世界に堂々廻《どうどうめぐ》りしていて、その教《おしえ》の堂奥《どうおう》に飛込《とびこ》むことは出来ないのである。本当《ほんとう》にさとりの世界へ飛込《とびこ》もうと思うものは、語学や考証の世界を一躍《いちやく》して「久遠《くおん》を流るるいのちとしての釈迦《しゃか》」そのものの中《うち》に飛込《とびこ》まなければならないのである。

暗中模索　手がかりがないまま探し求めること

靴を隔てて痒きを掻く　はがゆくじれったいこと。隔靴掻痒

考証　古い文献や物品などを調べ、それを証拠として物事を説明すること

堂々廻り　同じ場所をぐるぐる回ること

堂奥　技芸・学問などの最も奥深いところ。奥義。秘儀

五　語学《ごがく》や考証《こうしょう》を超《こ》えて

私はここに、本当《ほんとう》の釈迦《しゃか》は二千五百年前《ねんぜん》地上《ちじょう》に生《う》まれて王宮《おうきゅう》を出家《しゅっけ》して伽《が》耶城《やじょう》を去ること遠からぬ道場《どうじょう》に坐《すわ》りて阿耨多羅《あのくたら》三藐《みゃく》三菩提《ぼだい》を成《じょう》じた如《ごと》き「肉体《にくたい》」でないことを宣言《せんげん》する。それは私が宣言するだけではなく『法華《ほけ》経《きょう》』の「如来寿量品《にょらいじゅりょうほん》」にちゃんと宣言してあるのだけれども、『法華経《ほけきょう》』は大乗経典《だいじょうきょうてん》であり、大乗経典は釈迦《しゃか》これを説《と》かずというような、さとりには何《なん》の関係《かんけい》もない考証的仏教学者《こうしょうてきぶっきょうがくしゃ》があるから、私がここに更《あらた》めてそれを宣言する必要《ひつよう》があるのである。かく『法華経《ほけきょう》』に従《したが》って、本当の釈迦牟尼如来《しゃかむにによらい》は浄飯王《じょうぼんのう》の太子《たいし》ゴータマの如《ごと》き肉体人《にくたいじん》ではないのであって「久遠《くおん》を流るるいのち」であることを知るとき、吾等《われら》は至《いた》るところに「仏教《ぶっきょう》」即《すなわ》ち「ほとけの説教《せっきょう》」を見出《みいだ》すことが出来《でき》るのである。『法華経《ほけきょう》』の「自我偈《じがげ》」には、釈《しゃ》

頭注版㉗一五四頁

阿耨多羅三藐三菩提　仏の悟り。真理を悟った境地

浄飯王　釈迦の父。ヒマラヤ山麓にあったカビラ国の王

ゴータマ　釈迦の出家前の姓。名はシッダッタ

迦《か》が「方便力《ほうべんりき》を以《もっ》て、滅不滅《めつふめつ》有《あ》りと現《げん》じ、余国《よこく》に衆生《しゅじょう》の恭敬《くぎょう》し信楽《しんぎょう》する者《もの》あらば、我復彼《われまたかれ》の中《うち》に於《おい》て、為《ため》に無上《むじょう》の法《ほう》を説《と》く」ということが書かれているが、本当《ほんとう》の釈迦《しゃか》は「久遠《くおん》を流るるいのち」である。「余国《よこく》」というのは「余所《よそ》の国《くに》」であって、必《かなら》ずしもインドに限《かぎ》らず、何処《いずこ》にでも身《み》を現《げん》じて法を説《と》き給《たま》うのが釈迦《しゃか》なのである。だから法を説くとき阿難《あなん》も釈迦《しゃか》であり、達磨《だるま》も釈迦《しゃか》であり、賢首《けんじゅ》も、空海《くうかい》も、道元《どうげん》も、最澄《さいちょう》も、親鸞《しんらん》も悉《ことごと》くみな釈《しゃ》迦《か》なのである。親鸞などに到《いた》ってはサンスクリット語やパーリ語は無論《むろん》のこと、漢訳《かんやく》の『大蔵経《だいぞうきょう》』さえも、漢字《かんじ》のままとは異《ちが》う意味《いみ》に転釈《てんしゃく》して（例《たと》えば「等正覚《とうしょうがく》」という語を「無上等正覚《むじょうとうしょうがく》」と解《かい》しないで「正覚《さとり》にはまだ到らないが正覚に等しいもので、これが正定聚《しょうじょうじゅ》の位《くらい》である」と解《かい》している如《ごと》き）いるのであるが、しかも彼《かれ》のさとりは語学《ごがく》を超《こ》えて却《かえ》って「久遠《くおん》を流るるいのち」を把《つか》んだのである。この一例《れい》でも判《わか》るとおり、言葉や語学に拘泥《こだわ》り過《す》ぎて、この文字《もんじ》は梵語《ぼんご》では本来何《ほんらいなに》を意味《いみ》するのだなどということを考《こう》

達磨　禅宗の始祖。六世紀初めにインドから中国に渡り、嵩山少林寺で壁に向かって九年間坐禅したとされる

賢首　六四三～七一二年。唐代の僧。華厳宗の第三祖。華厳教学を大成した。「法蔵」の名もある

道元　正治二～建長五年。鎌倉初期の禅僧。日本曹洞宗の開祖。宋より帰国後、京都深草に興聖寺を開く。寛元二年、越前に大仏寺（のちの永平寺）を開創した。著書に『正法眼蔵』等がある

転釈　ある語句から他の異なった意味を導き出して解釈すること

無上等正覚　仏の最上の悟り。前頁の「阿耨多羅三藐三菩提」に同じ

正定聚　必ず仏になると決まった者

証《しょう》するほど、およそさとりに遠いものはないのである。

六　ほとけは何処《いずこ》

現代仏教《げんだいぶっきょう》が揮《ふる》わないのは碩学《せきがく》は図書館《としょかん》に籠《こも》って蠹魚《しみ》となり、凡僧《ぼんそう》は寺院《じいん》に籠《こも》って死骸《しがい》にお経《きょう》を誦《あ》げるのを商売《しょうばい》として、直接《ちょくせつ》「久遠《くおん》を流るるいのち」そのものなる釈迦《しゃか》に触《ふ》れ、釈迦《しゃか》のさとりを直接生《い》きようとする人《ひと》が少《すく》いからである。多くの仏教家《ぶっきょうか》は釈迦《しゃか》の教《おしえ》は仏教の典籍《てんせき》にあり、釈迦《しゃか》の行《ぎょう》事《じ》は寺院《じいん》にあるように思《おも》い違《ちが》いしているのであるけれども、「久遠《くおん》を流るるいのち」なる釈迦《しゃか》は前述《ぜんじゅつ》の如《ごと》く「余国《よこく》に……我復彼《われまたかれ》の中《うち》に於《おい》て、為《ため》に無上《むじょう》の法《ほう》を説《と》く」といっている如《ごと》く、ユダヤに於《おい》ても、日本《にっぽん》に於《おい》ても、アメリカに於《おい》ても、イギリスに於《おい》ても常住久遠《じょうじゅうくおん》に説法《せっぽう》してい給《たま》うのである。『法《ほ》華経《けきょう》』にある「一切衆生憙見菩薩《いっさいしゅじょうきけんぼさつ》が自分《じぶん》の身《み》に火を燃《とも》して、身体《からだ》が焼《や》け尽《つ》

頭注版㉗一五五頁

碩学　学問の広く深い人。大学者
蠹魚　和紙や衣類を食いあらす虫
凡僧　修行の至らない凡庸な僧
典籍　書物。書籍
常住久遠　永遠に変わることがないこと
一切衆生憙見菩薩　『法華経』「薬王菩薩本事品」に記された菩薩。本全集第二十巻「万教帰一篇」八一頁参照

したとき、また浄徳王《じょうとくおう》の家《いえ》に忽然身《こつねんみ》を再現《さいげん》している」記事《きじ》が、聖書《せいしょ》にある「キリストが十字架《じゅうじか》に架《かか》って三日《みっか》にして忽然身《こつねんみ》を再現している」記事と同一《どういつ》構想《こうそう》であるからとて聖書は仏典《ぶってん》の焼《や》き直《なお》しだと軽蔑《けいべつ》する必要《ひつよう》はないのである。「久遠《くおん》を流るるいのち」なるところの釈迦《しゃか》は、或《あるい》はイエスと現《あらわ》れて法《ほう》を説《と》き、或《あるい》はマホメットと現れて法を説き、或《あるい》はカーライルと現れて法を説き、或《あるい》はエマーソンと現れて法を説き、さらに黒住教《くろずみきょう》、金光教《こんこうきょう》、天理教《てんりきょう》、扶桑教《ふそうきょう》、ニュー・ソート、クリスチャン・サイエンスと現れて法を説いても一向差支《いっこうさしつか》えがないのである。釈迦《しゃか》がその「肉口《にくこう》」を以《もっ》て法を説かなければ、それは仏教《ぶっきょう》でないというならば、地上《ちじょう》いずこにか仏教あらんやであって、いずれも阿難《あなん》のうろ覚えの口述《こうじゅつ》を好《い》い加減《かげん》に筆記《ひっき》したものか、後世《こうせい》の哲学者《てつがくしゃ》の思索論述《しさくろんじゅつ》の輯集《しゅうしゅう》に過《す》ぎないのである。これでは二千年前《ねんぜん》の龍樹《りゅうじゅ》と共《とも》に、吾等《われら》は「地上《ちじょう》に普《あまね》く仏教を探《たず》ぬれども仏教はなし」と歎《なげ》かねばならないのである。では吾等《われら》は何処《いずこ》に本当《ほんとう》の仏教を探《さが》し求《もと》めたら好《よ》いであろう。

浄徳王　日月浄明徳如来の国の王。一切衆生憙見菩薩は自らの身を焼いて仏を供養した。千二百年間燃えた後に寿命が尽きたが、浄徳王の王子として再び生まれたという

忽然　にわかに

マホメット　五七〇頃～六三二年。イスラム教の始祖。アラビア語名ムハンマド。メッカに生まれ、四十歳頃に啓示を受けて唯一神アラーの崇拝を説いた。聖典『コーラン』はマホメットが神から受けた啓示を集めたものとされる

カーライル　Thomas Carlyle　一七九五～一八八一年。イギリスの歴史家、評論家。主著は『衣服の哲学』『英雄と英雄崇拝』『過去と現在』

黒住教　教派神道の一つ。文化十一年、黒住宗忠が創始

仏教《ぶっきょう》とは「釈迦《しゃか》の肉口《にくこう》の教《おしえ》」であると考えている限《かぎり》に於《おい》ては、そんなものは地上《ちじょう》の何処《いずこ》にもないのである。しかし仏教とは「久遠《くおん》を流るるいのち」と一《ひと》つなるところの釈迦《しゃか》、「常《つね》に此《ここ》に在《あ》りて滅《めっ》せず……余国《よこく》に衆生《しゅじょう》の恭敬《くぎょう》し信楽《しんぎょう》する者《もの》あらば、我復彼《われまたかれ》の中《うち》に於《おい》て、為《ため》に無上《むじょう》の法《ほう》を説《と》く」ところの釈迦《しゃか》――かくの如《ごと》く変貌自在《へんぼうじざい》、どこの国《くに》にでも恭敬以《くぎょうも》って真理《しんり》を知らんと志《こころざ》す衆生《しゅじょう》のために出現《しゅつげん》して来《き》て法を説く釈迦《しゃか》――この釈迦《しゃか》の教《おしえ》が「仏教」であるというならば、仏教は到《いた》るところにあるのである。そして却《かえ》って死骸《しがい》にお経《きょう》を誦《あ》げたり、来世《らいせ》の極楽往生《ごくらくおうじょう》のためには本山《ほんざん》に献金《けんきん》を要《よう》するようにそれとなく説《と》き伏《ふ》せて、巡錫《じゅんしゃく》の度毎《たびごと》に多額《たがく》の金《かね》を寄進《きしん》させる既成仏教《きせいぶっきょう》教団《きょうだん》のなかには「仏教」はいないで、「仏教」という名称《めいしょう》を用《もち》いない色々《いろいろ》の宗教《しゅうきょう》の中《なか》に、さては新興宗教《しんこうしゅうきょう》の中《うち》にさえも「久遠《くおん》を流るるいのちの釈迦《しゃか》」の教《おしえ》があるかも知れないのである。

金光教　教派神道の一つ。安政六年、赤沢文治(川手文治郎)が創始

天理教　教派神道の一つ。天保九年、中山美伎が創始

扶桑教　教派神道の一つ。宍野半が各地の富士講を結集した。明治十五年に教派神道の一派となった

ニュー・ソート　十九世紀にアメリカで興ったキリスト教の新しい潮流

クリスチャン・サイエンス　一八六六年にボストン市に設立されたキリスト教団体。創始者はメリー・ベーカー・エディ

輯集　とりあつめて編集すること

来世　死後の世界

巡錫　僧侶が錫杖(しゃくじょう)と呼ばれる杖を持って、各地を巡り歩いて教えを弘めること

寄進　神社や寺に物品を寄付すること

七　わたしは喇叭《らっぱ》

ともかく「久遠《くおん》を流るるいのち」としての釈尊《しゃくそん》は世界《せかい》の到《いた》るところに遍《へん》満《まん》したまうのであって、その「いのち」の霊波《れいは》を感受《かんじゅ》するラジオ・セットさえあれば日本《にっぽん》でも英国《えいこく》でも、米国《べいこく》でも何国《どこ》でも、そこに仏《ほとけ》の教《おしえ》が聴《き》かれるのである。伊藤道海禅師《いとうどうかいぜんじ》が『生命《せいめい》の實相《じっそう》』を読んでみて、「言々《げんげん》すべて仏《ほとけ》の教《おしえ》である」と雑誌《ざっし》『宇宙《うちゅう》』で評《ひょう》したのは当然《とうぜん》のことなのである。仏《ほとけ》とは「久《く》遠《おん》を流るるいのち」の表現《ひょうげん》なのである。私は始《はじ》めから「私は『生長《せいちょう》の家《いえ》』の教祖《きょうそ》ではない。私は諸君《しょくん》と共《とも》に『生長の家』の教《おしえ》を聴聞《ちょうもん》して、ひたすら、その教《おしえ》の如《ごと》く生《い》き行《ゆ》かんと努力《どりょく》せる一人《ひとり》の求道者《ぐどうしゃ》に過《す》ぎない……」と『生命《せいめい》の實相《じっそう》』第《だい》一巻《かん》十四頁《ページ》に明記《めいき》してある。私は教《おしえ》のすべての栄《さか》えを神に帰《き》し、「我《わ》が業《わざ》は我《わ》が為《な》すにあらず、天地《あめつち》を貫《つらぬ》きて生《い》くる祖神《みおや》の権能《ちから》」という招神《かみよび》

既成仏教　ここでは日本国内で幕末以前に成立した仏教の各宗門を指す

新興宗教　幕末・維新期以降に成立した宗教を指す

頭注版㉗一五七頁

遍満　あまねく満ちわたっていること

伊藤道海禅師　明治七～昭和十五年。曹洞宗管長、総持寺九世貫首等を歴任した。著書に『峨山禅師行実』『常済大師御伝記』等がある

聴聞　仏教語。説教を聴くこと

第一巻十四頁　昭和十年一月発行の黒布表紙版『生命の實相』の第一巻。本全集では第一巻「総説篇」一九頁

招神歌　神想観を始める時に称える和歌四首。本全集第十四巻「観行篇　神想観実修本義」上巻参照

歌《うた》を唱《とな》えない日《ひ》とてはないのである。私は釈迦《しゃか》キリストがそうであったろうところの「久遠《くおん》を流るるいのち」に触《ふ》れん事《こと》をつとめ、かくつとめつつ、「久遠《くおん》を流るるいのち」の啓示《けいじ》を『生命《せいめい》の實相《じっそう》』に書き止《と》めたのである。だから『生命《せいめい》の實相《じっそう》』の本当《ほんとう》の著者《ちょしゃ》は谷口《たにぐち》という、いつにか生《うま》れていつかは死《し》滅《めつ》してしまうような儚《はかな》い人間《にんげん》が書いたのではない。その著者は「久遠《くおん》を流るるいのち」である。私はただ「久遠《くおん》を流るるいのち」の流出口《りゅうしゅつこう》となったに過《す》ぎないのである。谷口という名はよく付《つ》けてくれたものだと思う。私は老子《ろうし》が、「谷神不死《こくしんふし》」といったところの、死なず不滅《ふめつ》の「久遠《くおん》を流るるいのち」の喇叭口《らっぱこう》になったのに過ぎないのである。

　私と同じく、「久遠《くおん》を流るるいのち」の喇叭口《らっぱこう》となったものは、いずれも仏《ほとけ》の教《おしえ》を語るものである。仏《ほとけ》の教える真理《しんり》は「生長《せいちょう》の家《いえ》」が独占《どくせん》するものでもなければ既成仏教《きせいぶっきょう》が独占するものでもないのである。キリストの聖書《せいしょ》は既《すで》に「久遠常在《くおんじょうざい》の釈迦《しゃか》」の言葉なのである。またかのカーライルが「汝《なんじ》

かく　このように

啓示　真理を人間にあらわし示すこと

老子　生没年不詳。中国・春秋戦国時代の楚の思想家。道家の祖。儒教の人為的な道徳や学問を否定し、無為自然の道を説いた。『老子（老子道徳経）』の著者とされる

「谷神不死」　『老子』第六章にある言葉。谷間の神は万物をとめどなく生み出して死ぬことはない、の意

常在　仏教語。常に存在すること

の運命《うんめい》を征服《せいふく》する武器《ぶき》は念《こころ》である。汝《なんじ》もし人《ひと》または団体《だんたい》に対《たい》して致命的《ちめいてき》な考えをもつならば、汝《なんじ》は引金《ひきがね》を引かなくとも相手《あいて》に手傷《てきず》を負《お》わす事《こと》になる。念《ねん》ずればその結果《けっか》は必然《ひつぜん》にあらわれる」といったときに、カーライルは既《すで》に仏《ほとけ》の教《おしえ》を語ったのである。何故《なぜ》なら、それは「三界《がい》は唯心《ゆいしん》の所現《しょげん》」であることを説《と》き、この世界《せかい》は因縁所生《いんねんしょしょう》の世界であることを説破《せっぱ》しているからである。彼《かれ》はこれを説いたとき「久遠《くおん》を流るるいのち」に触《ふ》れてその喇叭口《らっぱこう》となったのである。換言《かんげん》すれば、カーライルがかく真理《しんり》を説いたとき、常住久《じょうじゅうく》遠《おん》の釈迦牟尼仏《しゃかむにぶつ》が「余国《よこく》に衆生《しゅじょう》のために無上《むじょう》の法《ほう》を説いた」のである。

また見よ、エマーソンが「聖者《せいじゃ》と天才《てんさい》とが世界に投げた思想《しそう》は世界を変《へん》化《か》する」と説いたとき、彼もまた三界唯心《がいゆいしん》の真理を説いて、常在久遠《じょうざいくおん》の釈《しゃ》迦《か》の歌口《うたぐち》となったのである。彼は、大自然《だいしぜん》を精神的絶対者《せいしんてきぜったいしゃ》であると説き、Over-Soul《オーヴァー・ソール》なる超越的神性《ちょうえつてきしんせい》があらゆる事物《じぶつ》の根柢《こんてい》に存《そん》すると説き、一切《いっさい》の価《か》値《ち》はこの Over-Soul《オーヴァー・ソール》の発現《はつげん》に源泉《げんせん》すると説き、思想がこの世界を変化するも

「三界は唯心の所現」 仏教語。一切衆生が輪廻する欲界・色界・無色界の三つの世界の全ての事象は心の現れであるということ

因縁所生 因と縁との結合で生ずること

説破 論破すること

歌口 管楽器の口をあてて吹く穴

Over-Soul エマーソンの造語。「大霊」と訳されている

のであると説《と》いたとき、まさに彼《かれ》の汎神論的唯心論《はんしんろんてきゆいしんろん》は仏説《ぶっせつ》に一致《いっち》しているし、彼の称《しょう》したオーヴァー・ソールなるものは仏教《ぶっきょう》の仏性《ぶっしょう》に当《あた》るし、大自然《だいしぜん》を精神的絶対者《せいしんてきぜったいしゃ》と見たとき、法身仏《ほっしんぶつ》をそこに見出《みいだ》したと断言《だんげん》して差支《さしつか》えないのである。

かくの如《ごと》く観《かん》じ来《きた》るときには、ユダヤにも英国《えいこく》にも米国《べいこく》にも「久遠常在《くおんじょうざい》の釈迦《しゃか》」は既《すで》に仏教を説《と》き給《たま》うたのである。仏教とは、ここに見よ、彼処《かしこ》に見よ、というが如《ごと》く堂塔伽藍《どうとうがらん》や書庫《しょこ》の中《うち》には存在《そんざい》しないのである。また釈迦《しゃか》という名前《なまえ》の肉体《にくたい》が喋《しゃべ》ったことならば何《なん》でも仏教だと思うことも間違《まちがい》である。肉体の釈迦《しゃか》の言《げん》でも、悟《さと》らないで喋《しゃべ》っていた時《とき》の言葉は仏教ではない。龍樹菩薩《りゅうじゅぼさつ》の作《さく》でも、曇鸞大師《どんらんだいし》の作でも、カーライルでも、エマーソンでも「久遠《くおん》を流るるいのち」に触《ふ》れて真理《しんり》が語られる時《とき》には、それが仏《ほとけ》の教《おしえ》なのである。すべての仏教者《ぶっきょうしゃ》は、も少し心を広くして、せめて伊藤道海師《いとうどうかいし》のように、誰《たれ》の著作《ちょさく》であっても真理が説いてあるものならば「これ全《すべ》て仏《ほとけ》の教《おしえ》」

汎神論　宇宙のあらゆるものに神が宿り、万物は神の現れであり、神と同一であるとする立場

唯心論　世界を構成する根源を精神的なものに求める立場

法身仏　仏教語。真理そのものの仏の本体

堂塔伽藍　寺院の建物の総称

曇鸞大師　四七六～五四二年頃。中国・北魏時代の浄土教の祖とされる高僧。著書に『往生論註』がある

と讃嘆《さんたん》するほどの「和《わ》」と宏量《こうりょう》とがあって欲《ほ》しいと思う。

八　ニュー・ソートの出現《しゅつげん》

カーライル、エマーソンに発《はっ》した仏《ほとけ》の教《おしえ》は、仏《ほとけ》の教《おしえ》といわずして、「新思想《ニュー・ソート》」という名によって十九世紀時代全米国《せいきじだいぜんべいこく》を風靡《ふうび》したのである。ニュー・ソートは事物《じぶつ》の光明面《こうみょうめん》のみを見詰《みつ》めて行《ゆ》く思想《しそう》であって、ショーペンハウエルやハルトマンの厭世哲学《えんせいてつがく》に相対《あいたい》した存在《そんざい》であるといえるであろう。ショーペンハウエルやハルトマンが山に籠《こも》って灰身滅智《けしんめっち》の愚《ぐ》を学《まな》ぶ小乗仏教《しょうじょうぶっきょう》の系統《けいとう》を引いたものであるとするならば、ニュー・ソートが仏《ほとけ》の教《おしえ》を実際生活《じっさいせいかつ》に生《い》かしながら下化衆生《げけしゅじょう》の大乗的《だいじょうてき》ハタラキをした功徳《くどく》は看過《みのが》すことは出来《でき》ないのである。

同じく仏《ほとけ》の教《おしえ》にしても、それを受信《じゅしん》して言葉に発表《はっぴょう》するラジオ・セット

宏量　度量が大きいこと。心が広いこと

頭注版㉗一六〇頁

風靡　多くの人々をなびき従わせること

ショーペンハウエル　Arthur Schopenhauer　一七八八〜一八六〇年。ドイツの哲学者。観念論・汎神論・厭世観を統合した哲学を打ち立てた。著書に『意志と表象としての世界』などがある。本全集第三十一巻等参照

ハルトマン　Eduard Hartmann　一八四二〜一九〇六年。ドイツの哲学者。ヘーゲルとショーペンハウエルの哲学を総合するなどして「無意識の哲学」を樹立した

厭世哲学　世の中や人生を悪と苦に満ちたものとして悲観的にとらえる哲学

灰身滅智　仏教語。身も心も無にして執着を捨てること

の個々《ここ》の素養《そよう》又《また》は人格《じんかく》に従《したが》って濃淡様々《のうたんさまざま》の薄《うす》まりようや、夾雑物《きょうざつぶつ》を混合《こんごう》している事《こと》は止《や》むを得《え》ない。ショーペンハウエルの厭世哲学《えんせいてつがく》は仏教《ぶっきょう》といわざるところの仏教の受売《うけうり》であるけれども、その哲理《てつり》を、この世《よ》は「無明《まよい》」に縁《よ》って起《おこ》り、起伏《きふく》し、進展《しんてん》し行《ゆ》くことを、「宇宙《うちゅう》の盲目的意志《もうもくてきいし》」という言葉で表現《ひょうげん》し、本来明朗常楽《ほんらいめいろうじょうらく》であるべき仏教を暗い方面《ほうめん》暗い方面へと屈折《くっせつ》させて往《い》ったのである。トルストイもまた大読書家《だいとくしょか》であって、その書庫《しょこ》には仏典《ぶってん》があったとのことであるから、彼《かれ》が仏教経典《ぶっきょうきょうてん》を読んだことは明《あき》らかであり、その遺稿《いこう》の随想録《ずいそうろく》の中《なか》に「悪《あく》は存在《そんざい》するように見えても存在しない、善《ぜん》のみが唯一《ゆいいつ》の存在である」というようなことを書いているのは「この世《よ》は夢幻《むげん》の如《ごと》し」という仏教思想《ぶっきょうしそう》を、「悪」の存在の否定《ひてい》と、その奥底《おくそこ》に真実在《しんじつざい》として「善《ぜん》」のみを肯定《こうてい》する思想《しそう》にまで発展《はってん》させているのであって、ショーペンハウエルが仏教を厭世哲学《えんせいてつがく》にまで発展させたのに反《はん》して、彼は光明哲学《こうみょうてつがく》をつくり上《あ》げたのであったが、それがただの哲学であり随想《ずいそう》であるに止《とどま》って、

下化衆生　仏教語。菩薩の行。生命あるすべてを教化して救済すること
夾雑物　不純物。混じりもの
哲理　奥深い道理
トルストイ　Lev Nikolaevich Tolstoi 一八二八～一九一〇年。十九世紀ロシア文学を代表する小説家。代表作に『戰争と平和』『アンナ・カレーニナ』『復活』などがある
遺稿　発表されないまま死後に残された原稿
夢幻　夢と幻。はかないことのたとえ

今《いま》一歩《ぽ》のところで生活《せいかつ》にその哲学《てつがく》を生かすことが出来《でき》なくなって、家庭《かてい》で夫人《ふじん》と衝突《しょうとつ》して、ついに八十歳《さい》の老齢《ろうれい》を以《もっ》て家出《いえで》しなければならぬような悲劇的最後《カタストロフィー》を招来《しょうらい》したのであった。

　エマーソンはみずからはその思想系統《しそうけいとう》をカントに発《はっ》しているといっているから仏教経典《ぶっきょうきょうてん》を読んだか読まなかったかは知らないが、エマーソンの「人間《にんげん》は神性《しんせい》を有《ゆう》し、心の引金《ひきがね》がこの世《よ》の一切《いっさい》を支配《しはい》する」という汎神論的《はんしんろんてき》唯心論《ゆいしんろん》が現実主義《げんじつしゅぎ》のアメリカの国民性《こくみんせい》に合致《がっち》して現実世界《げんじつせかい》を心の力《ちから》で支配せんとする、また、支配出来ると主張《しゅちょう》する新思想家群《しんしそうかぐん》がエマーソンに引続《ひきつづ》いて十九世紀《せいき》の初頭《しょとう》から中葉《ちゅうよう》にかけて無数《むすう》に輩出《はいしゅつ》したのである。そして今でもアメリカの思想界《しそうかい》に相当《そうとう》の鑽仰者《さんごうしゃ》を見出《みいだ》しているのである。彼等《かれら》はいずれも、心によってこの世は暗黒《あんこく》にも光明《こうみょう》にもなると主張し、人生《じんせい》の光明《こうみょう》方面《ほうめん》のみを心に描《えが》くべきことを慫慂《しょうよう》し、彼等《かれら》は歓《よろこ》んでこの主張に名付《なづ》くるに新思想《ニュー・ソート》(New Thought)の名を以《もっ》てしたのである。ニュー・ソートなる

カタストロフィー　catastrophe フランス語。破局。悲劇的な結末

招来　招き寄せること

中葉　ある時代の中ごろ

輩出　すぐれた人物が次々と世に出ること

鑽仰者　徳を仰いでほめたたえて慕う人

慫慂　しきりに誘ってすすめること

名称《めいしょう》は、かくしてこの一群《ぐん》の思想家《しそうか》の唱導《しょうどう》する思想《しそう》に、あたかも総括名辞《そうかつめいじ》として名付《なづ》けられることになったのであった。二十世紀《せいき》の初頃《はじめごろ》のことであったが、駒澤大学学長《こまざわだいがくがくちょう》の忽滑谷快天禅師《ぬかりやかいてんぜんじ》が『錬心術《れんしんじゅつ》』と題《だい》する著書《ちょしょ》によって、インドのヨーガの精神統一《せいしんとういつ》によって起《おこ》る色々《いろいろ》の奇蹟的《きせきてき》な現象《げんしょう》や、その主張《しゅちょう》の概略《がいりゃく》を紹介《しょうかい》したことがあるが、その著《ちょ》の中《うち》にアメリカにもヨーガ的《てき》な「ニュー・ソート」と称《しょう》する一派《ぱ》の精神主義《せいしんしゅぎ》があって、その頃《ころ》のアメリカの書店《しょてん》へ行《ゆ》くと、どこにもここにも「ニュー・ソート」と称する一派の新思《しんし》想家群《そうかぐん》の著書《ちょしょ》が列《なら》んでいる。そしてその著者《ちょしゃ》の数《すう》は実《じつ》に無数《むすう》で、その著書が如何《いか》に多いかは店頭《てんとう》の全書籍《ぜんしょせき》の半《なか》ばを埋《うず》めて店頭の一画《かく》を成《な》しているということによって判《わか》るであろう——というような意味《いみ》のことを語っていたのを憶《おぼ》えている。ともかく、今《いま》から半世紀以前《はんせいきいぜん》のアメリカの実践哲学《じっせんてつがく》としてはこのニュー・ソートがその領土《りょうど》の半分《はんぶん》を占拠《せんきょ》していたといっても好《よ》い位《くらい》で、いちいちその全《すべ》ての著者の名前《なまえ》を挙《あ》げることは出来ないが、私の知っている著者

かくして　このようにして
唱導　教えを説いて人を導くこと
総括名辞　ひとまとめにした概念を言い表したもの
駒澤大学　東京都世田谷区にある曹洞宗系の私立大学
忽滑谷快天禅師　慶応三～昭和九年。曹洞宗の仏教学者。著書に『禅学思想史』『朝鮮禅教史』などがある
『錬心術』　大正十四年、忠誠堂刊
ヨーガ　yoga　古代インド発祥の瞑想による宗教的行法
実践哲学　日常生活上の指導を与えるような哲学

の名前《なまえ》だけでもその総大将《そうたいしょう》のラルフ・ウォルドー・エマーソンを始《はじ》めとして、日本《にっぽん》にお馴染《なじみ》のマーデン、ハーヴァード大学《だいがく》のウィリアム・ジェイムズ教授《きょうじゅ》、私が大正《たいしょう》十二年《ねん》に訳《やく》したことのあるホルムス兄弟《きょうだい》、ジェ・ブライアリ、ヘンリー・ウード、ミセス・エリザベス・タウン、私が近頃《ちかごろ》その翻訳《ほんやく》に補筆《ほひつ》を加えて『百事如意《ひゃくじにょい》』と題《だい》して出版《しゅっぱん》したラルフ・ウォルドー・トラインなど、いずれもニュー・ソートの著者《ちょしゃ》として知られている。自動車王《じどうしゃおう》ヘンリー・フォード一世《せい》はこのニュー・ソートの思想《しそう》を産業界《さんぎょうかい》に応用《おうよう》して巨《きょ》億《おく》の富《とみ》を作った第《だい》一人者《にんしゃ》であったのである。

九　ニュー・ソートの内容《ないよう》

これら一群《ぐん》のニュー・ソートの著者が説《と》くところはいずれも似《に》たり寄《よ》ったりで、互《たがい》にその著書《ちょしょ》の中《うち》から引用《いんよう》し合《あ》っていて、ほとんど誰《たれ》が最初《さいしょ》に、或《あ》る

マーデン　Orison Swett Marden　一八五〇～一九二四年。アメリカの思想家。「成功哲学の父」と呼ばれる

ウィリアム・ジェイムズ教授　一八四二～一九一〇年。米国の哲学者、心理学者。西田幾多郎、夏目漱石などにも影響を与えた

ホルムス兄弟　ヘンウィック・ホルムス（一八八三～一九七三年）とアーネスト・ホルムス（一八八七～一九六〇年）。実業之日本社よりヘンウィックの訳書『如何にせば運命を支配し得るか』を出版

ジェ・ブライアリ　谷口清超著『世界光明思想全集』第二十三冊『ジェ・ブライアリの宗教論』で紹介された光明思想家

『百事如意』　昭和十一年、光明思想普及会刊

事実《じじつ》や、実例《じつれい》や、譬喩《ひゆ》を、自己《じこ》のニュー・ソートの説明《せつめい》としてその著書《ちょしょ》の中《なか》に引用《いんよう》し始めたのであるか判《わか》らない位《くらい》なのである。文体《ぶんたい》も明快平易流暢《めいかいへいいりゅうちょう》で互《たがい》に相似寄《あいによ》っているのである。それでいてニュー・ソートの著者《ちょしゃ》たちは割合《わりあい》に超個人的《ちょうこじんてき》で「わしがこの思想《しそう》の本家《ほんけ》である」ということを主張《しゅちょう》せず、唯《ただ》、生活指導《せいかつしどう》の思想界《しそうかい》の一群《ぐん》の協同運動《きょうどううんどう》であることを自認《じにん》しているらしく、ニュー・ソートは誰《たれ》が最初《さいしょ》に主張し始めたのであるか——換言《かんげん》すればその開祖《かいそ》は誰《たれ》であるかが隠《かく》されているのである。しかし、これを米国哲学史《べいこくてつがくし》上《じょう》にその系統《けいとう》を強《し》いて探《たず》ねて行《ゆ》けばエマーソンを開祖とすべきであるが、同時《どうじ》に同一《どういつ》の思想家群《しそうかぐん》が発生《はっせい》したためにこの思想の栄光《えいこう》を一人《ひとり》の人間《にんげん》に帰《き》してエマーソニズムと称《しょう》することが出来《でき》ない結果《けっか》、総括的《そうかつてき》に「ニュー・ソート」と呼《よ》ぶようになってしまったのである。ここにも私は「久遠《くおん》を流るるいのち」の啓示《けいじ》を見出《みいだ》すことが出来ると思う。それはあたかも仏教《ぶっきょう》が、肉体《にくたい》の釈迦《しゃか》の教《おしえ》でなくとも、龍樹《りゅうじゅ》の作《さく》でも、曇鸞《どんらん》の作でも、善導《ぜんどう》の作でも、弘《こう》

ラルフ・ウォルドー・トライン　Ralph Waldo Trine　一八六六～一九五八年。著者に『幸福はあなたの心で』（谷口雅春訳）がある

ヘンリー・フォード一世　Henry Ford　一八六三～一九四七年。アメリカの自動車会社フォード・モーターの創設者。大量生産方式を開発し、T型フォードを一五〇〇万台以上生産した

頭注版㉗一六三頁

開祖　創始者

総括的　ひとまとめにするさま

あたかも　ちょうど。まるで

善導　六一三～六八一年。中国・唐代の仏教者。浄土教を大成させた

法《ぼう》の作《さく》でも、親鸞《しんらん》の作でもみんな引っくるめて仏教《ぶっきょう》というのに類《るい》しているのである。そうだ、「ニュー・ソート」はまことにも仏教である。或《あ》る著者《ちょしゃ》が「久遠《くおん》を流るるいのち」に触《ふ》れてその啓示《けいじ》を発表《はっぴょう》したものであるならば、「ニュー・ソート」であろうとなかろうと、それは正《まさ》しく「常在久遠《じょうざいくおん》の釈迦《しゃか》」のおしえがそこにあらわれているのであるから、仏《ほとけ》の教《おしえ》というほかはないのである。「ニュー・ソート」は仏教という旗幟《はたじるし》を掲《かか》げずして仏教がアメリカを浸潤《しんじゅん》したのであった。

十　トラインの著作《ちょさく》について

おそらく、「ニュー・ソート」の著者たちの誰《たれ》かが仏教《ぶっきょう》経典《きょうてん》を読んでおったに違《ちが》いないとも思えるが、或《あるい》は読まないでいて霊感《れいかん》で思想《しそう》の波《なみ》を感《かん》じて同じ趣向《しゅこう》の譬喩《ひゆ》を思《おも》い付《つ》いたのかも知れない。そして仏典《ぶってん》から翻案《ほんあん》したた

旗幟　目印として掲げる旗
浸潤　液体がしみ込むように思想などが次第に広がってゆくこと

頭注版㉗一六四頁

趣向　おもむき
翻案　原作の筋や内容を別の作品に改作すること。特に外国作品を自国風に書き改めること

らしい譬喩《ひゆ》が在々所々《ざいざいしょしょ》に見出《みいだ》されるのである。例《たと》えば、私が『生命《せいめい》の實相《じっそう》』全集《ぜんしゅう》に転用《てんよう》した「美しい蓮《はす》の池《いけ》」の譬喩《ひゆ》の如《ごと》きはウォルドー・トラインの著書《ちょしょ》の中《うち》にある譬喩《ひゆ》であるが（そのほかにも私はトラインから藉《か》りたところがあるが、トラインはエマーソンに藉《か》りたのである）、どうもその表現《ひょうげん》の仕方《しかた》が、仏典《ぶってん》から転用した譬喩《ひゆ》らしく、トラインその人《ひと》の創作《そうさく》ではなさそうである。そうかといって、思想《しそう》は「波《なみ》」であるから似《に》ているからといって、それは必《かなら》ずしも転用したということは出来《でき》ない。相隔《あいへだ》てた地点《ちてん》にいる著者《ちょしゃ》が、同時《どうじ》に同一《どういつ》思想《しそう》や同一《どういつ》譬喩《ひゆ》に想達《そうたつ》するのは仏典と聖書《せいしょ》との類似《るいじ》でも知ることが出来るのである。同じ本に、譬喩《ひゆ》に引いてある「池に住んでいる蛙《かえる》が、湖《みずうみ》の広さが分《わか》らず、自分《じぶん》の住む池がこれで完全《かんぜん》に広いのだと思っている」という話は、日本《にっぽん》などでは「井蛙《せいあ》の管見《かんけん》」という熟語《じゅくご》や「針《はり》の孔《あな》から天井《てんじょう》のぞく」の「いろは歌留多《かるた》」で人口《じんこう》に膾炙《かいしゃ》している譬喩《ひゆ》なのである。これなどはトラインが日本《にっぽん》や支那《しな》に行《おこな》われている譬喩《ひゆ》を転用し

在々所々　いたるところ。あちこち

想達　ある考えに行き着くこと

井蛙の管見　井戸に住む蛙が外にもっと広い世界があるのを知らないように、物事を見る視野が狭いこと

『いろは歌留多』　いろは四十七文字に「京」の字を加えた四十八文字を頭文字とすることわざの書かれたカルタ

人口に膾炙する　広く人々の話題となって口にされること

たのかも知れないが、或《あるい》は思想《しそう》は波《なみ》であるから、どこへ往《い》っても同じような譬喩《ひゆ》が思い付かれるということもいえるのであろう。ハーヴァード大学《だいがく》のエルマー・ゲーツ教授《きょうじゅ》の「人《ひと》の感情《かんじょう》に従《したが》って血液《けつえき》に毒素《どくそ》を生《しょう》ずる」という実験《じっけん》の如《ごと》きはニュー・ソートの著者《ちょしゃ》たちが「心の肉体《にくたい》に及《およ》ぼす力《ちから》」の例証《れいしょう》として得《え》たり賢《かしこ》しとして、いずれも争《あらそ》って自分《じぶん》の著書《ちょしょ》の中《なか》に引用《いんよう》しているのであるから(私もそれを『生命《せいめい》の實相《じっそう》』中《ちゅう》に引証《いんしょう》しているが)、誰《たれ》が最初《さいしょ》にその実験を、この種《しゅ》の思想の例証として用《もち》い始《はじ》めたかが判《わか》らないのみならず、ニュー・ソートの一人《ひとり》の著者は、「感情の変化《へんか》に従って人間《にんげん》のオーラ(雰囲気的幽体《ふんいきてきゆうたい》)に色彩《しきさい》の変化が起《おこ》る」といい、一人《ひとり》の著者では「コップに息《いき》を吹《ふ》きかけて凝結《ぎょうけつ》した水滴中《すいてきちゅう》の沈澱物《ちんでんぶつ》が感情に従って色々《いろいろ》の色彩の毒素に沈澱《ちんでん》する」といい、一人《ひとり》の著者はそれをコップ中《ちゅう》の呼吸の凝結中《ぎょうけつちゅう》の毒素とは書かずして唾液《だえき》の中《うち》に出来《でき》る毒素のように記載《きさい》しており、一人《ひとり》の著者はそれはただ血液成分《けつえきせいぶん》の変化のように記載している。

エルマー・ゲーツ教授　一八五九～一九二三年。アメリカの発明家、科学者。本全集第十三巻「生活篇」下巻参照

得たり賢し　うまくいった。しめた。物事が自分の思い通りになった時に満足して発する言葉

引証　証拠として引用すること

オーラ　人体から発散される霊的なエネルギー。独特な霊的雰囲気

これ等《ら》の実験《じっけん》はすべて別々《べつべつ》にゲーツ教授《きょうじゅ》が実験したものであるか、同一《どういつ》の実験を多くの著者《ちょしゃ》たちが引例《いんれい》する際《さい》に少しずつ変化《へんか》して往《い》ったものであるかは不明《ふめい》であるが、ともかくもこのニュー・ソートの著者達《ちょしゃたち》は平気《へいき》で同派《どうは》の思想家《しそうか》の著述《ちょじゅつ》から自説《じせつ》の説明《せつめい》になりそうな都合《つごう》の好《よ》い部分《ぶぶん》を互《たがい》に援用《えんよう》し合《あ》っているところの一種《しゅ》の協同精神運動《きょうどうせいしんうんどう》と見ることが出来《でき》るのである。私がトラインのニュー・ソートの本の一《ひと》つを得《え》たのは私に悟《さとり》の精神革命《せいしんかくめい》が起《おこ》って「生長《せいちょう》の家《いえ》」を始《はじ》めてから後《のち》、偶然《ぐうぜん》の機会《きかい》に、それを古本屋《ふるほんや》で見出《みいだ》し、立ち読みしてみると、生長の家の思想《しそう》にソックリのことが書いてあるので、買う気になって持って帰ったのが最初《さいしょ》である。そののち彼《かれ》の行文《ぎょうぶん》が私が『生長の家』を書く参考《さんこう》に大《おお》いになったものであるが、読《よ》み行《ゆ》くにつれて、三十年前日本《ねんぜんにっぽん》で『プッシング・ツー・ザ・フロント』などで有名《ゆうめい》であったマーデンの著書《ちょしょ》の文章《ぶんしょう》の一節《せつ》を始《はじ》めから終《おわり》までソックリそのままの文句《もんく》が何等《なんら》の引用符《いんようふ》をもなしに転用《てんよう》せられているのに私は驚《おどろ》いて、マー

援用　他の意見や文献などを引用したり事例を示したりすること

行文　文章を書き進める時の語句や文字の使い方

『プッシング・ツー・ザ・フロント』　一八九一年刊。二十五ヵ国語に翻訳された。日本でも明治時代に『前進あるのみ』の題で翻訳出版された

デンの本を引出《ひきだ》して対照《たいしょう》してみたこともある。マーデンとトラインとは全《まった》く同じことが書いてある。マーデンは平易《へいい》で通俗的《つうぞくてき》であるが、トラインは文体《ぶんたい》が高尚《こうしょう》で哲学的《てつがくてき》である。その後《ご》、私の手許《てもと》に他《た》の著者《ちょしゃ》のニュー・ソートの著書《ちょしょ》も多く集《あつま》って来《き》、それらを読破《とくは》するにつれて、これらの本はどの著者も悉《ことごと》く同じような文体で、少々《しょうしょう》ばかり表現《ひょうげん》を変えていて、実例《じつれい》や譬喩《ひゆ》までも往々同一《おうおうどういつ》なものが混《まじ》って同じ思想《しそう》を述《の》べているものであることを発見《はっけん》したのである。従《したが》ってもし吾々《われわれ》がニュー・ソートを援用《えんよう》する場合《ばあい》に於《おい》て「何《なに》某《ぼう》の著述《ちょじゅつ》はかくいう」ということは却《かえ》ってその独創者《オリジナリティ》を誤《あやま》らしめる位《くらい》である。

ニュー・ソートはかくの如《ごと》く十九世紀《せいき》の前半《ぜんはん》に於《おい》て米国《べいこく》の書籍店中《しょせきてんちゅう》の書《しょ》籍《せき》の半《なか》ばを席巻《せっけん》するという程《ほど》広く氾濫《はんらん》したらしいのであるが、それが仏教《ぶっきょう》と称《しょう》せずして実《じつ》は仏《ほとけ》の教《おしえ》の米国への浸潤《しんじゅん》であったことは既《すで》に述《の》べた通《とお》りである。しかし、それがたとい、仏《ほとけ》の教《おしえ》であっても、ラジオの受信機《レシーバー》が異《ことな》る毎《ごと》

対照 照らし合わせて比べること

通俗的 世間一般にわかりやすい

高尚 けだかくて立派なさま。上品

オリジナリティ originality 新しい意見や見方。創意。ここでは、それを初めて提唱した人

席巻 激しい勢いで自分の勢力範囲を広げること

たとい 「たとえ」に同じ

に、その音声《おんせい》に一種《しゅ》の癖《くせ》をもっているように、その神髄《しんずい》は仏《ほとけ》の教《おしえ》であっても、その悉《ことごと》くが、（その雑音《ざつおん》までもが）仏《ほとけ》の教《おしえ》であるわけはない。ニュー・ソートの著者《ちょしゃ》に於《おい》ても、物質無《ぶっしつむ》を説《と》いているのもあれば、物質有《ぶっしつう》として汎神《はんしん》論《ろん》を説いているのもある。仏教《ぶっきょう》に於《おい》ても、真言宗《しんごんしゅう》も、天台宗《てんだいしゅう》も、禅宗《ぜんしゅう》も、浄土宗《じょうどしゅう》も、真宗《しんしゅう》も、日蓮宗《にちれんしゅう》も、そのいずれもが仏《ほとけ》の教《おしえ》であるには相違《そうい》ないが、その悉《ことごと》くが（その雑音までもが）仏《ほとけ》の教《おしえ》であるわけはない。吾々《われわれ》は唯《ただ》その中《うち》から「久遠《くおん》を流るるいのち」を見出《みいだ》し、それに触《ふ》れ、それに合流《ごうりゅう》すれば好《よ》いのである。

十二　万教帰一運動《ばんきょうきいつうんどう》としてのニュー・ソート

ニュー・ソートを、フィニアス・パークハースト・クインビー博士《はくし》が霊的《れいてき》治療《ちりょう》に応用《おうよう》し始《はじ》めて以来《いらい》、それ迄《まで》エマーソンの唯《ただ》の哲学的思索《てつがくてきしさく》であった「ニ

頭注版㉗一六八頁

万教帰一　あらゆる宗教は、説き方が様々に分かれていても同じ一つの真理に帰着するということ。本全集第十九～二十一巻「万教帰一篇」等参照

クィンビー博士　Phineas Parkhurst Quimby　一八〇二～一八六六年。アメリカの催眠治療家、心霊療法家。ニュー・ソートの先駆者の一人

ユー・ソート」の流れは人生指導《じんせいしどう》の高尚《こうしょう》な哲学《てつがく》であるという地位《ちい》から降《お》りて「精神治療《メンタル・ヒーリング》」の一層広義《いっそうこうぎ》な総括的《そうかつてき》な名称《めいしょう》と認《みと》められるに到《いた》ったのである。それはニュー・ソートにとってはむしろ不幸《ふこう》な事《こと》であり、一種《しゅ》の低卑《ていひ》な治病《ちびょう》宗教《しゅうきょう》と見誤《みあやま》られることになったのである。その代《かわ》りにこの種《しゅ》の著書《ちょしょ》が功利《こうり》主義《しゅぎ》のアメリカに一層汎濫《いっそうはんらん》することになったのである。その功罪《こうざい》は共《とも》にクィンビー博士《はくし》にある。彼《かれ》が如何《いか》にしてこのニュー・ソートに逢著《ほうちゃく》し、如何《いか》にしてそれを治療《ちりょう》に応用《おうよう》し、如何《いか》なる思想記録《しそうきろく》を残しておいたかは、「キリストは仏陀《ぶつだ》であった」と題《だい》した論文《ろんぶん》(『生命《せいめい》の實相《じっそう》』「下化衆生篇《げけしゅじょうへん》」参照《さんしょう》)に於《お》いて私が既《すで》に紹介《しょうかい》したし、別著《べっちょ》『健全《けんぜん》の真理《しんり》』に詳説《しょうせつ》したからここには述《の》べない。まことにも「ニュー・ソート」は仏教《ぶっきょう》といわずして「キリスト即《すなわち》仏陀《ぶつだ》」を説《と》く一種の万教帰一運動《ばんきょうきいつうんどう》であり、それがクィンビー博士《はくし》や、エディ夫人《ふじん》に到ってキリストの治病奇蹟《ちびょうきせき》のような事実《じじつ》を生《しょう》ずるに到ると共《とも》に、一《いっ》方《ぽう》では天理教式《てんりきょうしき》な迷信的存在《めいしんてきそんざい》と軽蔑《けいべつ》される傾向《けいこう》も生《しょう》じたが、ニュー・ソー

低卑　品性が低くいやしいこと

功利主義　利益や効用を第一とする考え方

功罪　一つの物事の良い面と悪い面

逢著　出会うこと。行きつくこと

「下化衆生篇」　愛蔵版第十八巻、頭注版第三十五巻

『健全の真理』　昭和二十七年刊。後に『谷口雅春選集』『新選谷口雅春法話集』としても発行された

エディ夫人　Mary Baker Eddy 一八二一～一九一〇年。アメリカの宗教家。一八六六年にボストン市にクリスチャン・サイエンスを設立した。晩年に発刊した機関紙『クリスチャン・サイエンス・モニター』は世界的評価が高い

トは決《けっ》して単《たん》なる治病療術《ちびょうりょうじゅつ》ではない。それは却《かえ》って万教帰一《ばんきょうきいつ》の運動《うんどう》を知らずして行《おこな》いつつあったのである。

十二　治病宗教《ちびょうしゅうきょう》は低級《ていきゅう》か

頭注版㉗一六九頁

病気治療《びょうきちりょう》はただの肉体上《にくたいじょう》の問題《もんだい》であって、それが魂《たましい》の救《すく》いの上《うえ》に何《なん》の関《かん》係《けい》もないからというので、病《やまい》の治癒《ちゆ》が魂《たましい》を救う事《こと》を使命《しめい》とされている宗教《しゅうきょう》の上《うえ》に顕《あらわ》れて来《き》たときには治病宗教として軽蔑《けいべつ》せられがちであるが、この軽蔑する心こそ、一層《いっそう》軽蔑せられる資格《しかく》があるのである。何故《なぜ》なら「魂《たましい》を救う」ということはその魂《たましい》を業苦《ごうく》の束縛《そくばく》から解放《かいほう》することでなければならない。そして、病気《びょうき》とは実在《じつざい》でなく業《ごう》の流転《るてん》より生《しょう》ずるものであるから、業《ごう》の流転《るてん》が解放せられるとき、直《ただち》に、或《あるい》は間《ま》もなく、病苦《びょうく》が消えるはずであるのは、映画《えいが》がフィルムの流転《るてん》によって映《うつ》されている場合《ばあい》にフィルムの流転《るてん》を截《た》

業苦　仏教語。前世で犯した悪業によって現世で受ける苦しみ。また、現世での悪業によって死後に受ける苦しみ

業の流転　いったん起こった行為は必ず何かの原因があり、さらにその行為は次の行為に大きく影響する。その繰り返しを総称する言葉

ち切《き》れば、直《ただち》に、或《あるい》は間《ま》もなく、病苦《びょうく》が消え去るべきであるのである。もしそうでなければ「この身《み》は幻《まぼろし》の如《ごと》し、顛倒《まよい》より生《しょう》ず」と説《と》いた仏説《ぶっせつ》がただの「空想的観念論《くうそうてきかんねんろん》」になってしまうのである。エマーソンが『霊の法則《ザ・ロー・オブ・スピリット》』その他《た》に於《お》いて人間《にんげん》が神性《しんせい》を有《ゆう》し、その神性《しんせい》を活用《かつよう》することによって世界《せかい》を変貌《へんぼう》せしめることが出来《でき》ると心の法則《ほうそく》を説《と》いたにしても、彼《かれ》が「コンコードの聖者《せいじゃ》」として山に籠《こも》って、みずからを浄《きよ》くして無為《むい》である間《あいだ》は或《あるい》は小乗《しょうじょう》の悟《さとり》に過《す》ぎなかったのである。それがクィンビー博士《はくし》に於《お》いて大衆《たいしゅう》の病気《びょうき》が癒《いや》され、或《あるい》はヘンリー・フォードの事業経営法《じぎょうけいえいほう》となって成功《せいこう》して、心が客観界《きゃっかんかい》を現実《げんじつ》に支配《しはい》する証明《しょうめい》が上《あが》らなければエマーソンの汎神論的唯心論《はんしんろんてきゆいしんろん》も、それはただの空想的理論《くうそうてきりろん》であって虚妄《うそ》かも知れないのである。肉体滅後《にくたいめつご》に救《すく》われて行《ゆ》くという『大無量寿経《だいむりょうじゅきょう》』所載《しょさい》の「極楽世界《ごくらくせかい》」なども、結局《けっきょく》、如来《にょらい》の願力所現《がんりきしょげん》の世界――換言《かんげん》すれば、唯心所現《ゆいしんしょげん》の世界――であるから、心に従って客観世界《きゃっかんせかい》が変貌するという証明が成立《なりた》たなければ、「浄土否定《じょうどひてい》」に陥《おちい》

「コンコードの聖者」 エマーソンが居住したマサチューセッツ州コンコードを拠点として展開した言論活動に共鳴し、エマーソンを称えた呼称。「コンコードの哲人」とも呼ばれる

『大無量寿経』 大乗仏教の経典の一つ。浄土教の根本聖典で、浄土三部経の一つ。『無量寿経』または『大経』ともいう

り、結局《けっきょく》浄土教《じょうどきょう》(真宗《しんしゅう》を含《ふく》む)それみずから崩壊《ほうかい》の危険《きけん》に瀕《ひん》するのである。真宗《しんしゅう》教団《きょうだん》の僧侶《そうりょ》たちが、「生長《せいちょう》の家《いえ》」が真宗信者《しんしゅうしんじゃ》を奪《うば》うように思って敵《てき》視《し》したこともあるが、「生長の家」は、現実世界《げんじつせかい》を心によって変貌《へんぼう》し得《う》る実《じつ》例《れい》を挙《あ》げることによって、間接《かんせつ》に「指方立相《しほうりっそう》の浄土《じょうど》」の存在《そんざい》、願力《がんりき》による西《さい》方浄土《ほうじょうど》の存在を立証《りっしょう》しているのであり、従《したが》って真宗及浄土宗《しんしゅうおよびじょうどしゅう》にとっては外護的弁護者《げごてきべんごしゃ》の位置《いち》に立っているのである。「生長の家」出現《しゅつげん》して浄土教は完《まった》くなり、浄土教は「生長の家」によってその正しさが証明《しょうめい》されるのである。

十三　万教《ばんきょう》ただ一《ひと》つのいのちの流れ

生長の家は必《かなら》ずしもニュー・ソートではない、それは宗教《しゅうきょう》の百貨店《ひゃっかてん》であると悪評《あくひょう》される程万教《ほどばんきょう》の神髄《しんずい》を包容《ほうよう》しているが、ニュー・ソートの神髄《しんずい》を

浄土教　念仏して浄土に往生することを説く教えの総称。融通念仏宗、浄土宗、浄土真宗、時宗など。『無量寿経』『観無量寿経』『阿弥陀経』の浄土三部経を根本経典とする

指方立相　浄土教で阿弥陀仏の浄土の方角やすがたを明らかに示すこと

外護　外部から仏法を守護すること

頭注版㉗一七〇頁

も引抜《ひきぬ》いて包容《ほうよう》しつつ、それを現実《げんじつ》に人生光明化《じんせいこうみょうか》の運動《うんどう》として推《お》し進《すす》めつつあるのである。吾等《われら》の運動には反対者《はんたいしゃ》のほかは皆味方《みなみかた》であり、真理《しんり》を説《と》くものは皆《みな》「生長《せいちょう》の家《いえ》」であるのである。ニュー・ソートの思想家《しそうか》が、「心で客観世界《きゃっかんせかい》が征服出来《せいふくでき》る」と主張《しゅちょう》しても、その説明《せつめい》の仕方《しかた》は同じ一群《ぐん》の思想家の間《あいだ》に区々《まちまち》であって、クィンビー博士《はくし》は、「自己《じこ》の心が客観界《きゃっかんかい》を支配《しはい》するのではなく、自己の心はただ『神の心』の導線《どうせん》となるのであって、神の心が客観界を支配する(この場合《ばあい》は病気《びょうき》を治《なお》す意味《いみ》を含《ふく》む)のである」といっている――そして、これはあたかも真宗《しんしゅう》の他力《たりき》教義《きょうぎ》が「自分《じぶん》の力《ちから》で救《すく》われるのではなく、如来《にょらい》の力によるのである」というのと好《よ》く似《に》ているのである。然《しか》るに同じくニュー・ソートの思想家ヘンリー・ウードは、「人間《にんげん》の心は絶《ぜっ》対実在《たいじつざい》の心と同質《どうしつ》であるから、自分の心の力を鍛錬《たんれん》すれば客観界を支配し得《う》るので、『心』こそ最大《さいだい》の創造者《そうぞうしゃ》だ」と述《の》べている。トラインも「心」そのものが創造力《そうぞうりょく》であると述べている――そしてこれは自力門《じりきもん》の仏教《ぶっきょう》とその説《と》

他力 自分の力ではなく阿弥陀仏の力に頼ること

自力門 禅宗など自らの修行によって悟りを開こうとする考え方。聖道門

き方《かた》を同じくしているのである。

トラインは、その唯心的《ゆいしんてき》な説明《せつめい》の部分《ぶぶん》は名文《めいぶん》でもあり、好《よ》いところもあるので、所々《ところどころ》私は彼《かれ》から援用《えんよう》したが、残念《ざんねん》なことにはこの人《ひと》はニュー・ソートから出ながらも時々《ときどき》二元論《にげんろん》に陥《おちい》るので『實相《じっそう》』の中《うち》にはその点《てん》を是正《ぜせい》しておいた。彼《かれ》の『如意の力《ザ・パワー・ザット・ウインス》』の本にもその片鱗《へんりん》は現《あらわ》れていて、「夜寝《よるね》しなに一杯《ぱい》のオレンジの果汁《かじゅう》が健康《けんこう》の基《もとい》になる」などという物質的援助《ぶっしつてきえんじょ》を彼は忘れていないのである。彼の一著述《ちょじゅつ》の序文《じょぶん》の冒頭《ぼうとう》には「吾等《われら》は二《ふた》つの王国《おうこく》に住んでいる、その一《ひと》つは心及《およ》び霊王国《れいおうこく》であり、その一つは肉体《にくたい》及び物質宇宙《ぶっしつうちゅう》である」とその二元論を明記《めいき》している。また或《あ》る部分では「人間《にんげん》は肉体と心と霊《れい》との三重《じゅう》の存在《そんざい》であるから、そのいずれをも重んじなければならないが、肉体と心に霊をインフューズしてこれを霊化《れいか》しなければならぬ」と三元論《さんげんろん》を説《と》いている。彼に於《お》ては「物質は無《な》いのではなく、心も無いのでもなく、それは在るけれども内部《ないぶ》の霊性《れいせい》を引出《ひきだ》して、それを霊化すれば好《よ》い」と

二元論　ある二つの対立する原理を立て、それによってすべての現象を説明しようとする考え方
『實相』『生命の實相』の略

インフューズ　infuse　注入する。染み込ませる

いうのである。「生長《せいちょう》の家《いえ》」の「物質《ぶっしつ》なし、心もなし、ただ在《あ》るものは実相《じっそう》のみ」の主張《しゅちょう》とは紙一枚《まい》の差《さ》があるのである。一見《いっけん》これは紙一枚の差であるけれども、彼《かれ》の心の奥底《おくそこ》にある「物質もある」という思想《しそう》のために彼の思想は読者《とくしゃ》をして勇気《ゆうき》を揮《ふる》い起《おこ》させる力《ちから》はあっても病気《びょうき》が治《なお》るほどに、読者《とくしゃ》の心をクラリと一転《てん》せしむることは出来《でき》ないのである。だから彼の著書《ちょしょ》を読んで病気が治《なお》ったとは報告《ほうこく》されていない。病気が治《なお》る位《くらい》になるにはクリスチャン・サイエンスのように、『生命《せいめい》の實相《じっそう》』のように「物質なし、心もなし」と悟《さと》らねばならぬのである。

ホルムスの思想になるともう「物質」の存在《そんざい》は認《みと》められていない、ただ微《かす》かに「聖暗《せいあん》」とか「寂光《じゃっこう》」とかの痕跡《こんせき》を残しているのが欠点である。私の自叙伝《じじょでん》『神を見る迄《まで》』(『生命《せいめい》の實相《じっそう》』「自伝篇《じでんへん》」)にはホルムスの思想を次の如《ごと》く要約《ようやく》している。

聖暗　聖なるやみ
寂光　安らかで静かな光
『神を見る迄』　昭和二十六年刊。『生命の實相』「自伝篇」が書店普及版としてこのタイトルで発行された

「ホルムスの思考《しこう》に従《したが》えば神は一切《いっさい》の『造《つく》り主《ぬし》』であるが、神は決《けっ》して勝手《かって》気儘《きまま》に吾等《われら》に不幸《ふこう》を造《つく》っているのではないのである。吾等《われら》の思考《しこう》するところのものを病気《びょうき》であろうと、貧乏《びんぼう》であろうと、逆境《ぎゃっきょう》であろうと、順境《じゅんきょう》であろうと、不幸であろうと、幸福《こうふく》であろうと、吾等《われら》の思考を鋳型《いがた》として無《む》差別平等《さべつびょうどう》に神は吾等《われら》に造《つく》り与えてくれるというのである。そこに人間《にんげん》の自《じ》由《ゆう》と、神の当体《とうたい》の無相《むそう》にして応現《おうげん》の自在《じざい》なることが確保《かくほ》されているのであった。……ホルムスは、『無明《むみょう》』を創造主《つくりぬし》としないで、『無明《むみょう》』は創造主《つくりぬし》の前に投げ出されたところの創造《そうぞう》の雛型《ひながた》であって、応現自在の無相の神が、その『無明《むみょう》』を雛型《ひながた》として現象界を創造してくれるというのであった。」

（『神を見る迄《まで》』三三九頁《ページ》）

詳《くわ》しくは『神を見る迄《まで》』を読んでもらうほかはないが、引用文《いんようぶん》の最後《さいご》の行《ぎょう》に「爪点《つめてん》」を附《ふ》したところに注目《ちゅうもく》してもらいたいのである。ホルムスに於《お》い

鋳型　鋳物を鋳造する際にとかした金属を流し込む型

当体　本体。本性

応現　相手や目的に応じて様々に姿を変えて現れること。応化(おうげ)とも言う

雛型　実物を小さくかたどった模型。元になる手本や見本

三三九頁　本全集第三十三巻「自伝篇」下巻一一二頁

ては「創造主《つくりぬし》（神）が現象世界《げんしょうせかい》を創造《そうぞう》したのであった」、従《したが》って創造の雛型《ひながた》は人間《にんげん》が提出《ていしゅつ》するにしても、その雛型通《ひながたどお》りに現象世界は神の創造になるのであるから、神は悪も、病気《びょうき》も、不幸《ふこう》も、創造し給《たま》うのである。人間の「心の雛型《ひながた》」の提出のしようによって病気を治《なお》し給《たま》うのも神であるが、病気を拵《こしら》え給《たま》うのも神であった！

　このように、ニュー・ソートは酷似《こくじ》した一群《ぐん》の光明思想《こうみょうしそう》であるけれども、その重要《じゅうよう》なる思想《しそう》の点《てん》に於《お》ては諸家《しょけ》に相異《そうい》があり、神髄《しんずい》を摑《つか》むためには尚《なお》、篩《ふるい》にかけなければならない点が多くあり、それがキリスト教聖書《きょうせいしょ》を主《しゅ》として祖述《そじゅつ》しているので、生長《せいちょう》の家《いえ》のように全《すべ》ての経典《きょうてん》の神髄《しんずい》を示して万教《ばんきょう》の全一《ぜんいつ》すべき神髄を明《あきら》かにするには、ニュー・ソートを篩《ふるい》にかけると共《とも》に、他《た》の宗教《しゅうきょう》をも篩《ふるい》にかけて、そこに「久遠《くおん》を生きるいのち」の純金《じゅんきん》を冶金《やきん》し出さねばならないのである。

　今《いま》でも『生命《せいめい》の實相《じっそう》』を読んで病気が治《なお》る事実《じじつ》を、「神が癒《いや》し給《たま》うのだ」

キリスト教　ユダヤ教を母体としてパレスチナに興る。世界三大宗教の一つ。唯一絶対の神を奉じ、現在に至るまで欧米文化の基盤をなしている。イエス・キリストが始祖

祖述　先人の教えを受け継いで述べること

全一　完全に一つにまとまること。統一しているさま

冶金　鉱石から金属を取り出したり、それを精製・加工したりすること

と、考えている人《ひと》があるかも知れぬが、神が治《なお》すのではなく、読めば心の眼《め》が開《ひら》けて、既《すで》に最初《さいしょ》から健康《けんこう》であった自分《じぶん》の「実相《じっそう》」を見出《みいだ》すのである。病《びょう》気《き》だと見えたのは人間《にんげん》の仮相《かそう》でしかなかったからである。もし病気が実際《じっさい》にあって神が病気を治《なお》し給《たま》うのであったならば、何《なん》らかの事情《じじょう》で、神が治《なお》し給《たま》わない場合《ばあい》は、全能《ぜんのう》の神ならば治《なお》せば治《なお》し得《う》るものを治《なお》さないのであるから、その治《なお》さないことに神意《しんい》があるので、これはかつての「ひとのみち」の教《おしえ》のように「神のみしらせ」と見なければならないのである。しかし、それは「生長《せいちょう》の家《いえ》」の思想《しそう》ではない。「神のみしらせ」の思想の中《うち》には「現象《げんしょう》宇宙《うちゅう》の実在《じつざい》」を肯定《こうてい》する思想と「神そのものの中《うち》に聖暗《せいあん》とでもいうべき何《なん》らかの暗黒《あんこく》を内包《ないほう》している」という思想を含《ふく》んでいるのである。倉田百三氏《くらたひゃくぞうし》は、宇宙の太源《たいげん》にまかせ切りになるという心境《しんきょう》にいながら、なお、宇宙の太源《たいげん》の中《なか》にはなおこの聖暗《せいあん》を内包しているという思想以上《いじょう》について行《ゆ》けないといわれたのは、ホルムス又《また》は「ひとのみち」と同じ思想的位置《しそうてきいち》にいられる

「ひとのみち」　大正五年に御木徳一が御嶽教徳光大教会として立教し、昭和六年に扶桑教ひとのみち教会と改称。昭和十二年に不敬罪で解散を命じられる。昭和二十一年、徳一の長男徳近がＰＬ教団（パーフェクトリバティ教団）として復興させた

倉田百三氏　明治二十四～昭和十八年。劇作家、評論家。肺結核を患いながら一燈園で信仰生活を送る。著書に『出家とその弟子』『愛と認識との出発』等がある。本全集第三十二巻「自伝篇」中巻参照

太源　おおもと

のである。（『生命《せいめい》の實相《じっそう》』第《だい》二十巻《かん》「寂光《じゃっこう》を更《さら》に超《こ》えて」参照《さんしょう》）倉田氏《くらたし》が天理教《てんりきょう》に共鳴《きょうめい》せられるのも「宇宙《うちゅう》の太源《たいげん》の中《なか》には聖暗《せいあん》を含《ふく》んでいる」という真如縁起的《しんにょえんぎてき》な思想的立場《しそうてきたちば》にいられるからであろう。しかし、好《よ》いか悪いか、その批判《ひはん》は読者《どくしゃ》に任《まか》せるとして、私は「真如縁起《しんにょえんぎ》」も「みしらせ」も、神の「病治《やまいなお》し」も、「病拵《やまいこしら》え」も、聖暗《せいあん》も、寂光《じゃっこう》も跳《と》び超《こ》えてしまったのである。そして病《やま》い本来《ほんらい》なし、不幸《ふこう》本来なし、聖暗《せいあん》本来なし、寂光《じゃっこう》本来なしの世界《せかい》へ入《はい》ってしまったのである。その消息《しょうそく》は私の『神を見る迄《まで》』の巻《かん》末数《まっすう》十頁《ページ》に記載《きさい》してあるから詳《くわ》しくは繰返《くりかえ》さないが、簡単《かんたん》にいえば私はこう書いている――「私はついに神を見出《みいだ》し、本当《ほんとう》の自分《じぶん》を見出《みいだ》したのであった。三界《がい》は唯心《ゆいしん》の所現《しょげん》である、その心をも、また現《げん》ずるところの現象《げんしょう》をも、一切空無《いっさいくうむ》と截《た》ち切《き》って、その空無《くうむ》を縦《たて》に貫《つらぬ》く久遠不滅《くおんふめつ》の大生命《だいせいめい》が自分《じぶん》であった。……」と。私はついに「久遠《くおん》を流るるいのち」に触《ふ》れたのであった。それはもう病気《びょうき》の無《な》い世界《せかい》であった。

「寂光を更に超えて」 著者と倉田百三との往復書簡。『生命の實相』愛蔵版第二十巻、頭注版第三十九巻「仏教篇」に収録。初出は『いのち』昭和十二年二月号

真如縁起 一切のものは本来備わった仏性から縁に従って顕現するという考え方。如来蔵縁起とも言う

空無 仏教語。存在しているように見えても実在ではないこと

真如縁起《しんにょえんぎ》か阿頼耶縁起《あらやえんぎ》か——どちらが本当《ほんとう》であるかは仏教界《ぶっきょうかい》では教界上《きょうかいじょう》の大問題《だいもんだい》である。一心《しん》の中《うち》に十界《かい》を互具《ごぐ》しており、一念《ねん》の中《うち》に三千《ぜん》の世界《せかい》があるという、その「一心」とは、その「一念《ねん》」とは真如心性《しんにょしんしょう》であるか、阿《あ》頼耶識《らやしき》であるかは問題《もんだい》であるのである。これは（一）仏《ほとけ》でも迷《まよ》う要素《ようそ》を持っているか、（二）迷った凡夫《ぼんぷ》でも仏《ほとけ》になるか、（三）仏《ほとけ》はいまだかつて一度《ど》も迷わないか、の重大問題《じゅうだいもんだい》であるのである。私は（一）を完全《かんぜん》に否定《ひてい》してしまい、（二）は現象仏《げんしょうぶつ》としてその仮存在《かりそんざい》をみとめ、（三）を完全に肯定《こうてい》して、「衆生本来仏《しゅじょうほんらいほとけ》にして、仏《ほとけ》は未《いま》だかつて迷わず」と断定《だんてい》してしまったのである。かくて「一切《いっさい》の人間《にんげん》は仏《ほとけ》にして未《いま》だかつて迷いしことなし！　迷えると見える五官《ごかん》の我《われ》は本来無《ほんらいな》いのだ！」まことにも、釈迦《しゃか》が悟《さとり》を開いたとき「有情非情同時成仏《うじょうひじょうどうじじょうぶつ》、草木山川国土一切成道《そうもくさんせんこくどいっさいじょうどう》」と知ったのもそういう心《しん》境《きょう》ではなかったかと、類推出来《るいすいでき》るのである。この悟《さとり》の目で『古事記《こじき》』を読んだとき、仏典《ぶってん》を読んだとき、聖書《せいしょ》を読んだとき、悉《ことごと》く別《べつ》の力《ちから》で照《てら》し出《だ》さ

阿頼耶縁起　心の源である「阿頼耶識」の精神作用によって万物が顕現するという考え方

十界を互具　十界は仏界から地獄界までの、悟りの世界と迷いの世界とを十に分類したもの。十界の一つ一つが互いに十界をそなえていて百界を成しているとされる

三千の世界　仏教語。宇宙全体のありとあらゆる世界。三千大千世界

五官　外界の事物を感じ取る五つの感覚器官。目・耳・鼻・舌・皮膚

『古事記』　和銅五年成立。現存する我が国最古の歴史書。天武天皇が稗田阿礼に暗誦させていた帝紀・旧辞を、元明天皇が太安万侶に撰録させたもの。神話から第三十三代推古天皇の御代までの歴史が記されている

れた万教帰一《ばんきょうきいつ》の真理《しんり》がおのずから見出《みいだ》された。諸教《しょきょう》は私にとってはその夾雑物《きょうざつぶつ》を除《のぞ》いたとき、いずれもただ一《ひと》つ、「久遠《くおん》を流るるいのち」の表現《ひょうげん》であった。すべての宗教《しゅうきょう》はこの「久遠《くおん》を流るるいのち」によって互《たがい》に手を繋《つな》ぎ合《あ》わすべきものではないだろうか。救《すく》われるのは宗教の儀礼《ぎれい》によってではない、ただこの「久遠《くおん》を流るるいのち」によってである。いのち！　いのち！　私はいのちの衝動《しょうどう》を感《かん》じて『生長《せいちょう》の家《いえ》』を、『生命《せいめい》の實相《じっそう》』を書きはじめたのであった。これの本当《ほんとう》の著者《ちょしゃ》は「久遠《くおん》を流るるいのち」である。そして「生長の家」を創《はじ》めたのは「久遠《くおん》を流るるいのち」であったのだ。

第八章　吾等《われら》の祈願《きがん》及《およ》び修養《しゅうよう》

一　生長《せいちょう》の家《いえ》の意義《いぎ》と誕生《たんじょう》について

これから「生長の家家族《かぞく》の祈願及《および》修養」の講義《こうぎ》の概略《がいりゃく》を申上《もうしあ》げます。生長の家の家族たち誌友《しゆう》たちの祈願として修養せんとするところの箇条書《かじょうがき》が

頭注版㉗一七七頁

修養　徳を培い、人格を高めるよう努めること

「生長の家家族の祈願及修養」　生長の家信徒が実践すべき十六箇条の心得。初出は『生長の家』第一輯九号(昭和五年十一月号)

誌友　狭くは月刊誌『生長の家』の読者を指し、広くは「生長の家」信徒を指す

これに書いてあるのであります。順々《じゅんじゅん》にそれを説明致《せつめいいた》します。

一、『生長《せいちょう》の家《いえ》』の誌友及《しゆうおよ》び読者《とくしゃ》はすべて「生長の家」の家族《かぞく》として此《こ》の祈願《きがん》に従《したが》いて、生活《せいかつ》し、修養《しゅうよう》し、各々隣人《おのおのりんじん》を照《て》らす燈台《とうだい》たらんことを期《き》す。

ここに書いてあります通《とお》り『生長の家』の誌友及《しゆうおよ》び読者《とくしゃ》はすべて生長の家の家族というわけでありまして、これから述《の》べる祈願及《およ》び修養の道《みち》しるべに従って生活し、そうして隣人を照《て》らす燈台となろうという光明《こうみょう》の大願《たいがん》を以《もっ》て各自《かくじ》の生活を出発《しゅっぱつ》せしめるのであります。

そもそも、この生長の家というのは何《なん》であるかといいますと、最初《さいしょ》は私が修養雑誌《しゅうようざっし》を出したその雑誌《ざっし》に偶々《たまたま》付けられた名前ではあったのですが、しかしながら本当《ほんとう》の「生長の家」というのはこの雑誌の名前ではない、といってまた私の個人《こじん》の家《いえ》の名前でもないのであります。

期す　心に誓う。約束する

大願　仏教語。仏が衆生を救おうとする誓願。大きなことを成し遂げようとする願い

「家《いえ》」というと、何《なに》か屋根《やね》のある、或《あ》る一定《いってい》の建物《たてもの》のような気がするのでありますけれども、「生長《せいちょう》の家《いえ》」というのは「大宇宙《だいうちゅう》」ということであります。「生長する」というのは創造《クリエート》することで、いくらでも無限《むげん》に創造《そうぞう》し伸《の》びて行《ゆ》くのが宇宙《うちゅう》の実相《じっそう》である。だから大宇宙のことを「生長の家」と申《もう》しますので、この大宇宙に満《み》ちている生命創化《せいめいそうか》の法則《ほうそく》を研究《けんきゅう》し、その法則を宣《の》べ伝《つた》えて、広く人類《じんるい》を教化《きょうか》しようという目的《もくてき》の団体《だんたい》を現在《げんざい》「宗教法人生《しゅうきょうほうじん》長の家」と称《しょう》されています。

「宗教法人生長の家」と「大宇宙」そのものなる「生長の家」とは別物《べつもの》であります。で、この「実相の世界《せかい》」のことをわたくし共《ども》では「生長の家」とこういっている。仏教《ぶっきょう》では「寂光土《じゃっこうど》」という言葉を使っているのであります。これはその形容《けいよう》が何《なん》となく静的過《せいてきす》ぎる、ちょっと眠《ねむ》たいようなあんまり平和《へいわ》すぎるような、活気《かっき》のないような言葉でございます。私は実相世界《じっそうせかい》を形容するのに、そのように活気のない言葉を使いたくないのであります。無《む》

クリエート　create　英語。つくり出すこと

創化　形がなかったものを形に現し出すこと

論《ろん》、この寂光的《じゃっこうてき》な平和《へいわ》の極《きょく》の世界《せかい》だというような一面《めん》も「実相世界《じっそうせかい》」にはあるのでありますが、そういう静的《せいてき》な、活気《かっき》のないような状態《じょうたい》をあらわす言葉では「実相浄土《じっそうじょうど》」の無限《むげん》に光明《こうみょう》輝《かがや》く、伸《の》び伸《の》びしい生々《いきいき》した状態を現《あら》わすことが出来《でき》ない嫌《きら》いがありますので、吾々《われわれ》はこの実相浄土を表《あら》わすのに、常《つね》に老いぬ、無限に若いような、活気《かっき》溌剌《はつらつ》たる少年《しょうねん》のような感《かん》じを出す言葉を使いたいと思って、「生長《せいちょう》の家《いえ》」といい、仏教でいう「寂光土《じゃっこうど》」を現《あらわ》しているのであります。

『法華経《ほけきょう》』の「寿量品《じゅりょうほん》」の「自我偈《じがげ》」には「衆生劫《しゅじょうこう》尽《つ》きてこの世《よ》が焼け尽《つ》くると見える時《とき》にもわが浄土《じょうど》は壊《え》せず」ということが書かれているのであります。が、その衆生《しゅじょう》がこの世を焼けつくると見《み》、憂苦《ゆうく》が充《み》ち満《み》つると見ても、そういう憂苦《ゆうく》満ち破壊《はかい》満つると見える娑婆《しゃば》の世界は、活動写真《かつどうしゃしん》のような、念《ねん》の化作《けさ》した偽存在《にせもの》の世界であって、本当《ほんとう》の世界には天人《てんにん》が伎楽《ぎがく》を奏《そう》している美しい堂塔伽藍《どうとうがらん》が建並《たちなら》んでいる実《じつ》に立派《りっぱ》な世界、これが寂光土《じゃっこうど》であ

嫌い　好ましくない傾向

娑婆　この世。俗世界

活動写真　映画の旧称

化作　仏教語。神通力により、ないものを現し出すこと

伎楽　音楽のこと

る、そういうふうに書いてあるのであります。寂光土《じゃっこうど》といえば空《くう》な何《なに》もない静《せい》のほかには何《なに》もない世界《せかい》かと思ったら、天人《てんにん》が伎楽《ぎがく》を奏《そう》し歓楽《かんらく》が満《み》ちている、喜《よろこ》びが満ちている、美しさが満ちている、無限《むげん》の智慧《ちえ》が満ちている、無限の喜びが満ちている、無限の楽しみが満ちている世界だと書いてある。そういう実相《じっそう》の浄土《じょうど》を称《しょう》して寂光土《じゃっこうど》というのには相応《ふさわ》しくないような気がする、やはり無限創造《むげんそうぞう》、無限伸展《しんてん》の世界といいたい、無限「生長《せいちょう》の家《いえ》」だといいたい、それで吾々《われわれ》はこの実相の浄土を無限創造の「生長の家」というのであります。この生長の家なる実相が仮《かり》に世界に影《かげ》を投影《とうえい》して現《あらわ》れたのが、地上《ちじょう》の「生長の家」であります。皆《みな》さんのお宅《たく》も実相の善《よ》さが顕現《けんげん》したら皆 悉《みなことごと》く生長の家であります。

この「実相の浄土」たる「生長の家」が地上に形《かたち》を映《うつ》して、文章《ぶんしょう》に――その言葉の響《ひび》きの現《あらわ》れたのが、最初《さいしょ》この『生長の家』という雑誌《ざっし》であったわけであります。その雑誌は最初、昭和《しょうわ》五年の一月に本当《ほんとう》は誕生《たんじょう》したのであ

伸展　伸びひろがること

ります。その前年《ぜんねん》の十二月《がつ》に、私がちょうど関東大震災受難後《かんとうだいしんさいじゅなんご》二回目の泥棒《どろぼう》に遇《あ》いまして、すっかり物《もの》がなくなって、それが機会《きかい》に無一物《むいちぶつ》の「今《いま》」の中《うち》に無限《むげん》の力《ちから》が宿《やど》っていることが本当《ほんとう》に悟《さと》れて、「今」起《た》たなければ、「今」生きなければ生きる時機《とき》はないのである、現象的《げんしょうてき》の条件《じょうけん》が備《そな》わってから自分《じぶん》の使命《しめい》を遂行《すいこう》しようというふうな、そんなあまい、まだるっこいことを考えているようなことでは本当の生《い》きる道《みち》はない、「今」の一瞬《いっしゅん》に一切《いっさい》が包蔵《ほうぞう》されているから、「今」欲《ほっ》することに取掛《とりかか》ろうという大決心《だいけっしん》を致《いた》しまして、十二月に早速家《さっそくいえ》を移転《いてん》してそれから執筆《しっぴつ》を始《はじ》めまして一月元旦《がんたん》には最初《さいしょ》の第《だい》一号《ごう》が出たのであります。

ちょうど、その頃《ころ》には、私の著書《ちょしょ》の読者《どくしゃ》や、友人《ゆうじん》の雑誌《ざっし》に書いた私の文《ぶん》章《しょう》を読んだ人《ひと》でよく手紙《てがみ》を寄越《よこ》しておられたような人達《ひとたち》が百五十人《にん》ばかりありました。その百五十人の人達に、新しく印刷《いんさつ》した雑誌『生長《せいちょう》の家《いえ》』をお送りしたのであります。千部《ぶ》印刷致《いた》しましたけれども、知っている人は

関東大震災　大正十二年九月一日、神奈川県相模湾北西沖を震源として発生した大地震

私の著書　生長の家立教前の主な著作は『皇道霊学講話』『聖道へ』『神を審判く』『如何にせば運命を支配し得るか』『信仰革命』等。本全集第三十二・三十三巻「自伝篇」中・下巻参照

友人の雑誌　一燈園『光』、心霊科学研究会『心霊界』、倉田百三『生活者』、鳥谷部陽太郎『新時代』等

百五十人位《にんぐらい》しかない。そうして、弘《ひろ》めようといっても無暗《むやみ》に無駄《むだ》に振《ふ》り撒《ま》くわけにも行《ゆ》かない、因縁《いんねん》のない人《ひと》にあげて紙屑《かみくず》にされるのもつまらないことである。それで、百五十人位《ぐらい》の人達《ひとたち》に二、三冊位《さつぐらい》ずつ上《あ》げて、誰《たれ》か知人《ちじん》にやってくれませんか、いくらでも欲《ほ》しい人には上《あ》げますからというふうな具合《ぐあい》にして送っておったのであります。それがちょうど昭和《しょうわ》五年の一月の初めのことでありましたが、納本後《のうほんご》二ヵ月《げつ》の余裕《よゆう》を持たして創刊号《そうかんごう》の発行日《はっこうび》は三月一日《いちじつ》として印刷《いんさつ》しておいたのであります。『キング』や『日《ひ》の出《で》』は発行日の前月五日頃《ぜんげついつかごろ》に出る、『生長《せいちょう》の家《いえ》』は前々月末《ぜんぜんげつまつ》に出たというようなことになっていた。というのは、最初《さいしょ》の創刊号《そうかんごう》によって誌友《しゆう》を獲得《かくとく》して、どれだけの部数《ぶすう》が出るか大体見当《だいたいけんとう》をつけてから次の号《ごう》を出したいので、一ヵ月《げつ》の中《うち》に誌友《しゆう》を獲得することは到底出来《とうていでき》ないので、その間《あいだ》に二ヵ月間《げつかん》の余裕を置いておきたい、というのでその年《とし》の一月の終《おわ》り頃《ごろ》に納本された雑誌に三月一日発行《いちじつはっこう》と日附《ひづ》けして出しておったので、公《おおやけ》の創刊号発行記念日《そうかんごうはっこうきねんび》は三月一《いち》

納本　ここで言う納本とは、旧出版法により、出版物を事前に内務省に納めることを指すと思われる

『キング』　大正十四年、講談社より創刊の大衆娯楽雑誌。野間清治が「万人のための百万雑誌」を企画して多くの読者を獲得した。昭和三十二年終刊

『日の出』　昭和七年、新潮社より創刊の大衆雑誌。昭和二十年終刊

日《じつ》ということになっており、これが、三月一日《がついちじつ》なら時候《じこう》も好《よ》いので、春季《しゅんき》の生長《せいちょう》の家記念日《いえきねんび》と後《のち》に定《さだ》められることになったのであります。

ともかく、こういうふうにして、実相《じっそう》の浄土《じょうど》にあるところの、喜《よろこ》びに満《み》てる、光《ひかり》に満てる実相の言葉が地上《ちじょう》の雑誌《ざっし》として初《はじ》めてこの世《よ》に現《あらわ》れて来《き》たのであります。そうしてその言葉に最初《さいしょ》触《ふ》れる人達《ひとたち》が、地上に於《お》ける「生長《せいちょう》の家家族《いえかぞく》」ということになったわけであります。

無論《むろん》、この「生長の家」の家族というのは必《かなら》ずしも『生長の家』の誌友《しゆう》或《あるい》は読者《とくしゃ》には限《かぎ》らないのであります。本当《ほんとう》に実相の浄土を地上に生《い》きる人《ひと》、この人は無論《むろん》生長の家家族であるわけであります。だけれども、先《ま》ず第《だい》一にここでは本当にこの生長の家即《すなわ》ち実相の浄土を地上に生きる第《だい》一世《せい》として現《あらわ》れた『生長の家』誌友《しゆう》が、この現世《げんせ》を照《てら》す光となり、各々隣人《おのおのりんじん》を照《てら》す燈《とう》台《だい》となるようにしようじゃないか、こういうのが吾等《われら》の祈願《きがん》の第《だい》一条《じょう》の標《ひょう》識《しき》であります。

時候　季節。時節

生長の家記念日　春の記念日は三月一日の立教の日に、秋の記念日は十一月二十二日の著者の誕生日に定められた

現世　いま現在生きている世界。この世

標識　目印

二　各宗教《かくしゅうきょう》に対《たい》する生長《せいちょう》の家《いえ》の立場《たちば》

二、吾《われ》らは凡《あら》ゆる宗教《しゅうきょう》が大生命《だいせいめい》より発《はっ》せる救《すく》いの放射光線《ほうしゃこうせん》なることを信じ、他宗《たしゅう》をそしらず、他人《たにん》の尊崇《そんすう》の対象《たいしょう》たるものに敬礼《けいれい》せんことを期《き》す。

色々《いろいろ》の宗教がこの世《よ》に出ておりますけれども、その宗教はどれもみなこの世の光《ひかり》となろうとする使命《しめい》をもって生《うま》れているのでありまして、電燈《でんとう》の光も、ガス燈《とう》の光も、ランプの光も、或《あるい》はマッチの光も悉《ことごと》くこれ照《てら》さんがために現《あらわ》れているのであります。照《てら》さんがために現《あらわ》れているけれども、各々用《おのおのよう》途《と》が異《ちが》う。小さな懐中電燈《かいちゅうでんとう》は小さな懐中電燈としての用途があり、大きな五百燭光《しょっこう》の電燈は又《また》五百燭光の電燈としての用途があるというわけでありまして、床下《ゆかした》の小さなところを照《てら》すのに、五百燭光の大きな電燈で照《てら》してみ

頭注版㉗一八二頁

放射光線　四方八方に広がる光
そしる　けなす。悪口をいう
尊崇　尊んで敬うこと
敬礼　敬って礼拝すること
ガス燈　石炭ガス等の燃料用ガスを用いた街燈や屋内燈。主に明治時代から大正時代中頃まで用いられた
ランプ　lamp 石油を用いた燈火具。江戸時代末期に渡来し、大正時代中頃まで用いられた。洋燈
燭光　光度の旧単位。一燭光は一・〇〇六七カンデラ

ようとすると却《かえ》って邪魔《じゃま》になるというふうになるわけであります。それで小さな電燈《でんとう》もわるいものでなければ、大きな電燈もわるいものでない。或《あるい》は電燈の笠《かさ》の形《かたち》にも、スタンドの形にも色々《いろいろ》ある。そしてそのどれにも特殊《とくしゅ》な美しさがある。けれども、その特殊の美しさもそれを用《もち》うる部屋《へや》とか、或《あるい》はその光《ひかり》を求める場所《ばしょ》とか、それぞれに応《おう》じて適当《てきとう》な形をし、適当な美しさを備《そな》えているのが好《よ》いのでありまして、部屋の中《なか》へ附《つ》けるような装置《そうち》の、構造《こうぞう》の電燈が、いくら恰好《かっこう》が好《よ》いからとて玄関《げんかん》へぶら下《さ》げてみても、却《かえ》って変《へん》な恰《かっ》好《こう》になるし、或《あるい》は四畳半《じょうはん》の部屋にこういう大講堂《だいこうどう》に附《つ》けるようなシャンデリアを装置してみてもこれまた眩《まぶ》しくて、書物《しょもつ》を読んでも、紙面《しめん》が光って却《かえ》って読めないということになるかも知れないのです。そういうわけで、光というものは照《てら》す役目《やくめ》のものであるけれども、いろいろの程度《ていど》の光や色々の形の燈具《とうぐ》が又必要《またひつよう》である。或《あるい》はX光線《こうせん》のような人体《じんたい》を透視《とうし》するような光も必要である。或《あるい》は紫外光線《しがいこうせん》のような、目には見えないけれども、われわれに有効《ゆうこう》

燈具　照明器具
X光線　電磁波の一種。レントゲン線
紫外光線　太陽から受ける電磁波のうち、人間の目に見える光である可視光線よりも波長の短いもの。紫外線

な働《はたら》きをするところの光《ひかり》もまた必要《ひつよう》である。目に見えないからこいつは何《なん》の光もないのだとこういって或《あ》る光を排斥《はいせき》してしまうということは出来《でき》ないのであります。

こんなわけで、この世《よ》の中《なか》のあらゆる宗教《しゅうきょう》は、各々総《おのおのすべ》ての電燈《でんとう》は照《てら》す光として働いているのと同じように、すべて人生《じんせい》の燈台《とうだい》となり、人《ひと》の心を照《てら》す光の働きをしているのであります。

それに、一々相手《いちいちあいて》を貶《けな》して自分《じぶん》ばかり善《よ》いのであると、こういうような宗教《しゅうきょう》争《あらそ》いをするようなことでは実《じつ》にみっともないことであります。

宗教は要《よう》するに、愛を説《と》くものである。愛とは、仏教《ぶっきょう》でいえば慈悲《じひ》と申《もう》しますが、キリスト教《きょう》でいえば大抵《たいてい》愛という。愛とは何《なん》であるかというと自《じ》他一体《たいったい》の実相《じっそう》の働きです。総《すべ》ての生物及《せいぶつおよ》び森羅万象《しんらばんしょう》を、その形骸《けいがい》である物《ぶっ》質的方面《しつてきほうめん》から見ると、自《じ》と他《た》と対立《たいりつ》したように分《わか》れているけれども、本来一《ほんらいひと》つのものであるということを知ることが愛であります。例《たと》えば、われわれが

森羅万象　宇宙間に限りなく存在する一切の事象

子供《こども》を可愛《かわい》いと思うのはどうして可愛《かわい》いのであるかというと、それは自分《じぶん》から出たものである、本来《ほんらい》自分と一《ひと》つのものであるという気持《きもち》がするから自分の子供が可愛《かわい》い。ところが、他人《ひと》の子供は何《なん》となしに自分から出たような気がしない。既《すで》に悟《さと》った人《ひと》は別《べつ》でありますけれども、肉眼《にくがん》で見たところ、どうも自分から出たような気がしない、自分と一体《いったい》であるような気がしない、それで他人《たにん》の子供はあまり可愛《かわい》くなくて自分の子供だけは可愛《かわい》いという鬼子母《きしぼ》神《じん》のような偏寄《かたよ》った愛になるのであります。つまり、愛というのは自分と他《た》とは一つのものであるということを知る事《こと》が愛であります。この愛というものを宗教《しゅうきょう》の上《うえ》に押《お》し拡《ひろ》げて行《ゆ》きます時《とき》には、自分の宗教と他の宗教とはやはり一つのものである、ということがわかった時に初めて宗教と宗教とが愛によって結ばれるということになるのであります。すべての生《い》きとし生《い》けるもの、全《すべ》ての人間《にんげん》を愛によって結びつけ自他一体《じたいったい》であるという実相《じっそう》を知らせ本当《ほんとう》の相《すがた》を悟《さと》らせるために現《あらわ》れたところのこの宗教が、宗教同士仲《しゅうきょうどうしなか》がわる

鬼子母神　インドの女神。多くの子があったが、他人の子を奪って食べるので仏が末の子を隠して親の悲しみを説いた。改心して仏に帰依し、安産や子育ての神となった

くて、互《たがい》に欠点《けってん》を発《あば》いて石を投げ合いして、あいつはわるい、あいつを撲滅《ぼくめつ》しなければならない、あいつが栄《さか》えたらわしの方《ほう》の宗教《しゅうきょう》は栄えなくなるというふうな利己的《りこてき》な観念《かんねん》をもって、争《あらそ》いあうというふうでは本当《ほんとう》に宗教がこの世《よ》を照《てら》すために現《あらわ》れたという目的《もくてき》に反《そむ》くわけであります。

かく、宗教というものはこの世を照《てら》す光《ひかり》でありますから、どれだけ他《ほか》にあっても好《よ》いのであります。自分《じぶん》は自分で光《ひか》れば好《よ》いのであって、他《ひと》は又他《またひと》で光れば好《よ》い。人類《じんるい》も多種多様《たしゅたよう》であるからその対象《たいしょう》たる人類に適《てき》するように多種多様の宗教が現《あらわ》れてこれを照《てら》す、五百燭光《しょっこう》の電燈《でんとう》がありさえすれば、懐中電燈《かいちゅうでんとう》は要《い》らぬというわけではない、太陽《たいよう》が出ている時《とき》でも、活動写真《かつどうしゃしん》を映《うつ》すときには電燈の光が要《い》るのであります。

生長《せいちょう》の家《いえ》では決《けっ》して他《た》の宗教をわるくいわないのであります。みんな結《けっ》構《こう》である——。真宗《しんしゅう》の方《かた》が来《こ》られると、真宗ですか、阿弥陀様《あみださま》を信心《しんじん》されて大変《たいへん》結構でございます、阿弥陀様《あみださま》をせいぜいしっかり信仰《しんこう》しなさい、こう

撲滅　完全にうちほろぼすこと

阿弥陀様　阿弥陀如来ともいう。浄土信仰の中心的仏であり、生きとし生ける者を救済するための本願を立て、長い間の修行の末に仏となった

申上《もうしあ》げるのであります。しかし、阿弥陀様《あみださま》を、西方十万億土《さいほうまんおくど》の彼方《かなた》に一国《こく》の城主《じょうしゅ》の如《ごと》く一《ひと》つの境界《きょうかい》をめぐらして、そこに王様《おうさま》のようにしているようなそんな小さな阿弥陀様《あみださま》だと思いなさんな。尽十方無辺《じんじっぽうむへん》の世界《せかい》に満《み》ちているところの限《かぎ》りなき無礙光《むげこう》であり、大《おお》いなる生命《せいめい》であるこの無量寿《むりょうじゅ》の仏様《ほとけさま》を本当《ほんとう》に見なさい。これが真宗《しんしゅう》の本尊《ほんぞん》で、本当の救《すく》いは、この尽十方無礙光《じんじっぽうむげこう》如来《にょらい》と本来一体《ほんらいいったい》であることを知ることにある、と真宗の人《ひと》にはお話するようなわけであります。

或《あるい》は又《また》クリスチャンの方《かた》が来《こ》られると、ああキリスト教《きょう》の神様《かみさま》は非常《ひじょう》に結《けっ》構《こう》な神様である。キリスト教の開祖《かいそ》であるイエスを、単《たん》に二千年前《ねんぜん》にユダヤに生《う》まれ、そうして磔刑《はりつけ》になって、三十三歳《さい》で死んでしまった、そんな生《う》まれて死んだような、そんな小さな肉体的存在《にくたいてきそんざい》だと思いなさんな、久遠《くおん》の昔《むかし》から生きている真理《しんり》の顕現《けんげん》——これが本当のキリストである。キリスト自身《じしん》「アブラハムの生《う》まれぬ前《さき》より我《われ》は在《あ》るなり」といわれている——これが本当のキリ

西方十万億土　娑婆世界（人間界）から西方に長い距離を隔てたかなた

尽十方　あらゆる方角

無辺　はてしないこと

無礙光　仏教語。何物にもさえぎられない光

クリスチャン　キリスト教信者

「アブラハムの…」『新約聖書』「ヨハネ伝」第八章にあるキリストの言葉。「アブラハム」は『旧約聖書』「創世記」に記されているイスラエル民族の伝説上の祖

ストですが――あんたはもっともっと深くキリスト教《きょう》の奥《おく》まで入《はい》って、もっともっと大きくキリスト教の教祖《きょうそ》を生《い》かさなければなりませんぞ、というふうな具合《ぐあい》に申上《もうしあ》げるわけであります。

或《あるい》は神道《しんとう》の方《かた》が来《こ》られるとしますと、天照大御神《あまてらすおおみかみ》といわれる神様《かみさま》は、単《たん》なる有限存在《ゆうげんそんざい》として或《あ》る過去《かこ》の年代《ねんだい》に、或《あ》る短い寿命《じゅみょう》をもって生《うま》れられ、今《いま》は既《すで》に在《いま》さずして、ただ吾等《われら》の追憶《ついおく》を満足《まんぞく》さす為《ため》の記念《きねん》としてお祀《まつ》りしてあるというふうな、そういう短い寿命の神様だとは思いなさんな。天照大《あまてらすおお》御神《みかみ》とは高天原《たかあまはら》即《すなわ》ち「光明遍照《こうみょうへんじょう》の実相世界《じっそうせかい》」に遍満《へんまん》する万徳円満《ばんとくえんまん》の大光《だいこう》明《みょう》である、その万徳《ばんとく》から一切《いっさい》の生物《せいぶつ》が生《うま》れ出《で》た。しかし、動物《どうぶつ》や植物《しょくぶつ》はその万徳《ばんとく》の一部分《ぶぶん》を表現《ひょうげん》しているに過《す》ぎない。その万徳《ばんとく》を完全《かんぜん》に体現《たいげん》して生《うま》れ出《で》たのが人間《にんげん》である。だから人間の男性《だんせい》を日子《ひこ》といい、女性《じょせい》を日女《ひめ》という。だから人間は神の全徳《ぜんとく》の最高顕現《さいこうけんげん》として実《じつ》に尊《とうと》いのであって、その元《もと》の大元《おおもと》の大きな生《い》き通《とお》しの遍満十全《へんまんじゅうぜん》の御徳《おんとく》、これが、天照大御神様《あまてらすおおみかみさま》である。

神道　はるか昔から伝わっている日本民族固有の信仰。「かんながらの道」

天照大御神　『古事記』神話の最高神。伊邪那岐命が黄泉の国から戻り禊ぎをした際に左の眼から生まれた。皇室の祖先神。伊勢神宮に祀られ、国民崇敬の中心

高天原　『古事記』等の神話に描かれた神々の国。実相世界

十全　まったく完全なさま

単《たん》なる、過去《かこ》の存在《そんざい》ではない、単に過去の存在を記念《きねん》する為《た》めにのみ祭祀《さいし》し奉《たてまつ》るというようなそんな小さな神様《かみさま》ではない。本当《ほんとう》に今《いま》もありありと生《い》き通《とお》して、久遠《くおん》の昔《むかし》から今に至《いた》るまでありありと生き通しておられ、我々《われわれ》に生《せい》命《めい》を幸延《さきは》えたまい、我々《われわれ》の生命《せいめい》を生かしていられるところの天地遍満《てんちへんまん》の無限《むげん》の天照《てんしょう》、無限の生命《せいめい》の根源《こんげん》が、天照大御神様《あまてらすおおみかみさま》である。この親神様《おやがみさま》の全徳《ぜんとく》の天体的表現《てんたいてきひょうげん》が太陽《たいよう》である。吾々《われわれ》は太陽に生かされているのである。吾等《われら》が神の子というのは親神様《おやがみさま》の尊《とうと》い生命《せいめい》の流れを受けて親子関係《おやこかんけい》にある事《こと》です、と申上《もうしあ》げる。つまりどの宗　教《しゅうきょう》の方《かた》が来《こ》られても、もっともっとその宗教の奥《おく》へ這入《はい》りなさい、大変《たいへん》あなたの宗教は結構《けっこう》であります、こう申《もう》し上《あ》げて全《すべ》ての宗教を生かすのであります。

或《あるい》は金光　教《こんこうきょう》の方《かた》が来《こ》られると、金光教の神様は天地金《てんちかね》の神といわれる神様である。天地金《てんちかね》の神というと、金《かね》の字がついているから、拝《おが》んだら金《かね》でも儲《もう》かる神様である、こういう具合《ぐあい》に思って、御利益信心《ごりやくしんじん》で詣《まい》っておられるよ

祭祀　神や祖先の霊をまつること

幸延える　幸福で豊かに栄える

御利益信心　神仏が与える具体的なものをありがたがって信仰すること

うな人《ひと》もあるけれども、そんなけちな神様《かみさま》がこの金光教《こんこうきょう》の神様ではない。金《かね》の神というのは「金剛不壊《こんごうふえ》の実相《じっそう》の神様」ということである。天地遍満《てんちへんまん》の金剛不壊実相《こんごうふえじっそう》の神様、これが金光教の天地金《てんちかね》の神であります。その天地遍満《てんちへんまん》の実相の神様を本当《ほんとう》に知った時《とき》にあんたは救《すく》われたということになるのだ。天地金《てんちかね》の神という名前がついているから、どうぞ金《かね》を儲《もう》けさして下《くだ》さいなんて、頼《たの》む奴《やつ》には金《かね》を儲《もう》けさして、頼まぬ奴《やつ》には儲《もう》けさせぬ、そういう依怙贔屓《えこひいき》のあるような神様が金光教の神様ではない。金光教の神様は、金光教祖《こんこうきょうそ》がいわれたように「頼まいでもおかげはやってある」こういわれる。これは面白《おもしろ》い言葉である。頼まいでもお蔭《かげ》はやってある――これは「生長《せいちょう》の家《いえ》」の教《おしえ》と同じことであります。既《すで》にわれわれは神の子として、無限者《むげんしゃ》の後継《あとつぎ》として神の命《めい》じ給《たま》える一切《いっさい》のものを与えられているのである。一切のものを与えられているのであるから、「頼まいでもおかげはやってある」とこういう具合《ぐあい》に金光教祖はその御理解《ごりかい》の中《なか》で説《と》いておられるのであります。「たのま

金剛不壊　ダイヤモンドのように非常に堅固で、どんなものにも壊されないこと

金光教祖　赤沢文治（川手文治郎）。文化十一～明治十六年。備中国の農民であったが、大病を患ってのち神宣を受けて天地金乃神への信仰に目覚めた

御理解　金光教祖が真理を簡単な言葉で表現したもの

いでもおかげはやってある」――それを間違《まちが》えて、どうぞ金《かね》を儲《もう》けさして下《くだ》さいと、頼《たの》みに行《ゆ》く先《さき》が金光教《こんこうきょう》の神様《かみさま》であるように思ったりしていては教《きょう》祖《そ》が嘆《なげ》かれる、あんたの宗教《しゅうきょう》の本来《ほんらい》の教《おしえ》は好《よ》いのだけれども、取《と》り様《よう》が間《ま》違《ちが》っている、だからもっともっと金光教の奥深《おくふか》く這入《はい》って行《ゆ》きなさい、こういうふうに申上《もうしあ》げるのであります。金光教の教《おしえ》は実《じつ》に好《よ》い教《おしえ》でありまして、「神は宮《みや》の中《なか》にはおらぬから、私を拝《おが》みたければ外《そと》へ出て拝め」というふうな徹底《てってい》した教祖《きょうそ》の御理解《ごりかい》もあります。それにもかかわらず立派《りっぱ》なお宮を拵《こしら》えて、そうして鰕《えび》で鯛《たい》を釣《つ》るつもりで、僅《わず》かなお賽銭《さいせん》を上《あ》げて金《かね》を儲《もう》けさせてもらおうと思って拝んだりしている者《もの》があるから先般《せんぱん》のような金光教の大騒《だいそう》動《どう》が起《おこ》ってくるということになる。あれは金光教祖《こんこうきょうそ》の教《おしえ》ではない。金光教祖の教《おしえ》は実《じつ》に立派な教《おしえ》である。神は宮の中《なか》にはおらぬ。天地遍満《てんちへんまん》の金剛不壊《こんごうふえ》実相《じっそう》の神様がお宮の中《なか》に、物質《ぶっしつ》という箱《はこ》の中《なか》に入《はい》って、そうしてお賽銭《さいせん》を貰《もら》って、お賽銭《さいせん》の多寡《たか》によって御利益《ごりやく》に大小《だいしょう》があるなんて、そんな馬鹿《ばか》な

鰕で鯛を釣る　少しの元手やわずかな労力によって多くの利益を得ること

大騒動　昭和九年から十年にかけて起こった、金光教の管長の罷免などを求める内部紛争

多寡　多いことと少ないこと

ことがあるはずはない。それをちゃんと金光教祖《こんこうきょうそ》は喝破《かっぱ》しておられたのであります。だから、「頼《たの》まいでもお蔭《かげ》はやってある」とか、「疑《うたがい》を離《はな》れて見よ、我《われ》らは神徳《しんとく》の中《なか》に生かされてあり」とかいっておられるのであります。われわれは神徳《しんとく》の中《なか》に今《いま》、このまま生かされているものを、眼《め》をつぶってまだ貰《もら》っていないような気がしている、そうしてどうぞお蔭《かげ》を与えて下《くだ》さい、どうぞお蔭《かげ》を与えて下さい、こういう具合《ぐあい》にいっているのです。だから、金光教祖は「疑《うたがい》を離れて広き大道《だいどう》を開《ひら》き見《み》よ、我等《われら》は神徳《しんとく》の中《なか》に生かされてあり」と喝破《かっぱ》しておられるのであります。

それから又《また》、例《たと》えば天理教《てんりきょう》の方《かた》が来《こ》られますと、天理教は大変結構《たいへんけっこう》な教《おしえ》です、こう申上《もうしあ》げる。天理王命《てんりおうのみこと》といわれる神様《かみさま》はこれは天地《てんち》の理法《りほう》が神様として人格化《じんかくか》して顕《あらわ》れられたものである、これは大変結構な神様である。生《せい》長《ちょう》の家《いえ》でもやはり天理教のように「心の法則《ほうそく》」ということを説《と》いている。天理教の教《おしえ》は、生長の家でいう「心の法則」、仏教《ぶっきょう》でいう因果《いんが》の法則を「理《り》」

喝破　物事の本質を説き明かすこと

理法　物事の道理。法則

因果の法則　原因結果の法則。よい行いにはよい結果が、悪い行いには悪い結果が生ずること

として取扱《とりあつか》ったもので、一方《いっぽう》にはやはり人間本来神《にんげんほんらい》の子であって、完全《かんぜん》な水晶球《すいしょうきゅう》のような汚《よご》れない霊《みたま》である、それにちょいと塵《ほこり》がついただけである、こういう具合《ぐあい》に天理教祖《てんりきょうそ》の「筆《ふで》さき」の中《なか》には書いてあります。天理教祖の「筆さき」の主《おも》なる解釈《かいしゃく》は『生命《せいめい》の實相《じっそう》』全集第《ぜんしゅうだい》六巻《かん》「万教帰一篇《ばんきょうきいっぺん》」の中《なか》に書いておきましたから見て下《くだ》さればいいのでありますが、要《よう》するに、天理教《てんりきょう》も実《じつ》に立派《りっぱ》な教《おしえ》である。そんな立派な教《おしえ》を本当《ほんとう》に立派なものにしないで、取様《とりよう》が間違《まちが》って、そうしてもっともっと一段《だん》と低いものに変《か》えてしまった、それが気《き》の毒《どく》である。それで生長の家では天理教をわるくいわない。天理教は実《じつ》に立派な教《おしえ》だが、あなたが今《いま》思っているようなそんな下《くだ》らない迷信《めいしん》的分子《てきぶんし》のあるものだと思いなさんな、もっと教《おしえ》の本体《ほんたい》を見て立派なものだと思いなさい。金《かね》を持って来《こ》なければ御利益《ごりやく》をやらぬぞ、そんなけちをいうような教会宗教《きょうかいしゅうきょう》だと思いなさんな、こういう具合《ぐあい》に申上《もうしあ》げるのであります。「生長《せいちょう》の家《いえ》」へも時々《ときどき》天理教から、病気《びょうき》が癒《なお》らぬので治《なお》して欲《ほ》しいといっ

「筆さき」 天理教・大本教などで、教祖が神憑りして啓示を受け、自ずと筆を動かして書いたとされる文章

第六巻 本全集では第二十巻「万教帰一篇」中巻第三章参照

てやって来《こ》られて、愬《うった》えられるのです。私は「あなたは天理教《てんりきょう》で心の持方《もちかた》を教《おし》えてもらったでしょう。その通《とお》りの心の持方《もちかた》になれば、三界《がい》は唯心《ゆいしん》の所《しょ》現《げん》ですから治《なお》るんですよ」と申上《もうしあ》げると、「運《はこ》びが足《た》らぬと天理教の先生《せんせい》が被仰《おっしゃ》いました」と、こういうふうなことをよくいわれるのです。天理教布教《てんりきょうふきょう》師《し》は何《なん》のつもりで、何《なん》の運びのつもりでいわれたのか知りませぬけれども、その人《ひと》がいわれるには、「あまり運んでおると財産《ざいさん》も何《なに》もなくなってしまいますので、もう到底《とうてい》やり切れぬというのでやめにしました」といわれるのです。ところが天理教の布教師が、「あなたは運びが足らぬ。何《なに》もかも神様《かみさま》に上《あ》げてしまいなさい。そしたらあなたは救《すく》われるのだ」とこういう具合《ぐあい》にいわれるのは、それは真理《しんり》なのです。「運びが足らぬ」というのは心の運びが足らぬのです。心がスッカリ転向《てんこう》していないのです。「何《なに》もかも神様に上げてしまいなさい」ということは、要《よう》するに、「何《なに》もかも、神の他《ほか》のものは何《なに》もないということを知りなさい」ということなのです。われわれが百万円《まんえん》

転向　方向や立場などを変えること

百万円　現在の約二十億～三十億円。昭和初期の一円は現在の二千～三千円に相当する

の金《かね》を持っているとして、何《なに》もかも神様《かみさま》にお上《あ》げしようと思って、百万円《まんえん》すっかり上げたってまだ何《なに》もかも上げたということにはならない。やはり着物《きもの》も着ているし、肉体《にくたい》も持っているし、色々茶碗《いろいろちゃわん》とか箸《はし》ぐらいは持っている。それをみな、肉体も皆《みん》な上げなさいと言ったって、それは出来《でき》ることじゃない事《こと》となってしまう。では、「みんな何《なに》もかも神様に上げてしまいなさい」ということはどういうことかというと、これは自覚《さとり》である。自覚《じかく》の転換《てんかん》である。今《いま》までは「そこらにあるものは自分《じぶん》のものだ」と思うておったのだが、「何《なに》もかも上げてしまいなさい」とこういうふうにいわれて「本当《ほんとう》に全部《ぜんぶ》を上げてしまった」ということになると、今ここにこのままにいながら、自分というものは何《なに》も無い、本来無一物《ほんらいむいちぶつ》、唯《た》だ神だけがあり、神のものだけがある。この体《からだ》も、生命《せいめい》も神のものであるということが覚《さと》れる。こいつが肝腎《かんじん》なんです。この自分の生きている生命《せいめい》も神のものである。そうすると、言《い》い換《か》えると自分すらも神のものだということになるのであります。

いろいろと財産《ざいさん》を持《も》ち運《はこ》んで行《い》ってその報酬《ほうしゅう》に御利益《ごりやく》を貰《もら》うのではないのです。自分《じぶん》が今《いま》このまま神のものである。神のほかに何《なに》ものもない、神のみが実在《じつざい》である。この自覚《じかく》こそ総《すべ》ての持物《もちもの》をみな神様《かみさま》に上《あ》げてしまうということなのです。「われのもの」であると思っているが、その「われ」というものすら無いものだとすっかり何《なに》も無《な》くなってしまって、もう神様だけである、神様のみが実在《じつざい》である。ここに神様がいる、或《あるい》は親兄弟《おやきょうだい》姑《しゅうとめ》さんとか、意地悪《いじわる》の小姑《こじゅうと》さんとかがいるとしても、そんな悪いように見えるものは、アルように見えても何《なに》もない。皆《みん》な神である、神以外《いがい》のものは一《ひと》つもない。そういうことがわかるのが「みんな神様に上げてしまいなさい」ということである。存在《そんざい》の全《すべ》てを神に帰《き》したのですから、皆《みん》な神に献《ささ》げたことになる。所有財産中《しょゆうざいさんちゅう》の一部《ぶ》の百万円《まんえん》や、五百万円や、財産残らず持って行《い》ってもそんなことでは全部《ぜんぶ》を神様に献げたことにはならない、そんな不徹底《ふてってい》なやり方《かた》ではいけないのです。もう生きているこの生命《せいめい》の元《もと》の元《もと》さえも少しも残

姑親　夫または妻の母
小姑　夫または妻の姉妹
五百万円　現在の約百億〜百五十億円に相当する

るところもなく全部神様《ぜんぶかみさま》に上《あ》げる。そうしてここに「神だけがある」というふうにしなさい。これが本当《ほんとう》に全部神様に献《ささ》げるということであります。こういうふうに説《と》いてあげますから天理教《てんりきょう》の信者《しんじゃ》たちも、ああ自分《じぶん》の信じていた天理教はそんなに立派《りっぱ》な教《おしえ》であったのかと、喜《よろこ》んでお帰りになるのであります。天理教もこう見て来《く》ると実《じつ》に立派なものである。仏教《ぶっきょう》の極致《きょくち》の「唯《た》だ実相《じっそう》のみがある」という仏教の極致と天理教の極致とは実《じつ》にぴたりと一《ひと》つになれる。天理教を病気《びょうき》だけ癒《なお》してもらう宗　教《しゅうきょう》だと思って病気を癒《なお》してもらうことばかりを思うのは間違《まちが》いである。もっとあんたは自分の信ずる宗教を立派な宗教と思いなさい、と、信者自身《しんじゃじしん》が思っているよりもずっと立派なものであると、こう称《たた》えてあげるのが生長《せいちょう》の家《いえ》であります。宗教というものは、ずっとその奥堂《おうどう》へ入《はい》って行《ゆ》くと、こういうふうに実相の世界《せかい》へ入《はい》って行《ゆ》く。実相の世界とは先刻申《せんこくもう》しました通《とお》り、「生長の家」でありますから、天理教は天理教のままで生長の家に入《はい》れ、仏教は仏教のままで神道《しんとう》は神道の

極致　到達することができる最高の境地

奥堂　技芸や学問などの最も奥深い境地。奥義。堂奥

ままでみんな生長《せいちょう》の家《いえ》に入《はい》れるのです。それで、聖書《せいしょ》にも「父の国《くに》には住《す》居《ま》多《い》し」と書いてある。つまり、生長の家は、アパートみたようなもので、天理教《てんりきょう》の住まう家《いえ》もあれば仏教《ぶっきょう》の住まう家《いえ》もあると、まあこういうふうな一切包容《いっさいほうよう》の「家《いえ》」であります。

「父の国には…」『新約聖書』「ヨハネ伝」第十四章にあるキリストの言葉

三　神の子の生活《せいかつ》を今《いま》生きよ

頭注版㉗一九三頁

三、吾《われ》らは自己《じこ》を神の子（又《また》は仏子《ぶっし》）なりと信じ、常《つね》にけだかく人生《じんせい》の道《みち》を歩み、内《うち》なる魂《たましい》の矜持《ほこり》を傷《きず》けざらんことを期《き》す。

矜持（きょうじ）　自負。プライド

さて、この自分《じぶん》は神の子であるということがわかりましたならば、そのわかった神の子を今生きて行くということが必要《ひつよう》なのであります。「自分は神の子である」とわかりながらそれを今生きて行《ゆ》かないというのは、これは実《じつ》に矛盾《むじゅん》したことであります。そういう人《ひと》は実際《じっさい》は、本当《ほんとう》に神の子であるとわかっていないのであります。そういう人が神の子であると思うのは、偽存在《にせもの》の自分《じぶん》を神の子であると思っている場合《ばあい》にそうなるのであります。偽存在《にせもの》の自分、我《が》の働《はたら》きが神の子であるとこう思っている、その場合には、いくら聖《せい》典《てん》を読んでも実際に神の子らしき行《おこない》としてそこに現《あらわ》れて来《こ》ないのでありま
す。偽存在《にせもの》の自分をいくら磨《みが》いても本物《ほんもの》になるわけはないのであります。真《しん》鍮《ちゅう》の指輪《ゆびわ》をもって来《き》て、磨いたら黄金《おうごん》になるであろうと思っていくら磨いたって、真鍮《しんちゅう》はやはり真鍮《しんちゅう》なのであります。それと同じく、この偽存在《にせもの》の自分を以《もっ》て「神の子である、神の子である」とこう思っても、なかなかわれわれは神の子になれっこはない。それでわれわれは神の子であるという自覚《じかく》を実相《じっそう》から出して来《く》るということが必要《ひつよう》であります。

よく病気《びょうき》の方《かた》などで、あんた『生命《せいめい》の實相《じっそう》』をよく読んでおられますかというと、よく読んでいます、朝から晩《ばん》まで『生命《せいめい》の實相《じっそう》』ばかり読んでそう

矛盾 つじつまが合わないこと

真鍮 銅と亜鉛の合金

して疲《つか》れてしまって何《なに》も出来《でき》ません(笑声《しょうせい》)とこういう人《ひと》があります。こういう人は『生命《せいめい》の實相《じっそう》』の真理《しんり》をどこへ滲《し》み込《こ》ませようとしているのであるかというと、偽存在《にせもの》の自分《じぶん》の中《なか》に滲《し》み込《こ》ませようとしているのであります。だから何《なに》か金粉《きんぷん》のようなものを附《つ》け加《くわ》えて磨《みが》いておったら終《しま》いには金《きん》になるであろう、こういうふうに思って朝から晩《ばん》まで真鍮《しんちゅう》を磨いている方《かた》である。それじゃいけないのであります。それでわれわれは神の子であると知るということは、結局は神の子を生きるということで、「知る」ということと「生きる」ということと別《べつ》にあると思うと間違《まちがい》であります。つまり、「知る」とは「生きる」ということである。親鸞聖人《しんらんしょうにん》が「信心《しんじん》よろこぶその人を如来《にょらい》とひとしとときたまう。大信心《だいしんじん》は仏性《ぶっしょう》なり。仏性《ぶっしょう》すなわち如来《にょらい》なり」ということを『弥陀和讃《みだわさん》』の中《なか》で説《と》いておられる。という意味《いみ》は、信心を起《おこ》す心、この本当《ほんとう》の信心というものは、如来《にょらい》と同じものであるということである。では、如来《にょらい》はどういう働《はたら》きをしたかというと、一切衆生《いっさいしゅじょう》を生か

『弥陀和讃』 親鸞作『浄土和讃』中の「諸経讃」にある和讃。和讃は仏の徳を讃える七五調の歌

さんが為《ため》に、いろいろ無限《むげん》の愛をもって超載劫《ちょうさいこう》の永《なが》い間《あいだ》 行《ぎょう》をして、今西方《いまさいほう》に安楽国《あんらくこく》という浄土《じょうど》を建設《けんせつ》して、そうしてそこに、私を頼《たの》む一切衆生《いっさいしゅじょう》という衆生《しゅじょう》 悉《ことごと》く救《すく》わぬことはないというふうな、大きな、人《ひと》を救おうという利《り》他的《たてき》な念願《ねんがん》で働《はたら》きをしておられるのであります。その仏《ほとけ》の働きが自分《じぶん》の中《なか》に出《で》て来《き》たらこれが信心《しんじん》である。信心というのはただ南無阿弥陀仏《なむあみだぶつ》とこう口先《くちさき》にいって、「偽存在《にせもの》の肉体《にくたい》の自分」が蓄音機《ちくおんき》のレコードみたいに「南無阿弥《なむあみ》陀仏《だぶつ》、南無阿弥陀仏《なむあみだぶつ》」といいながら、行《ぎょう》の上《うえ》で嫁《よめ》いじめをしているというふうなことではこれは信心ではない。信心とは仏の心が自分の中に生きることである。金光教祖《こんこうきょうそ》は、「日《ひ》に日《ひ》に生《い》くるが信心なり」とこういわれた。日に日に生くるが信心なり――そうしますと、この南無阿弥陀仏《なむあみだぶつ》というのは何《なん》であるかというと、「南無《なむ》」というのは帰命《きみょう》である、弥陀《みだ》の命《いのち》に帰一《きいつ》するということです。阿弥陀様《あみださま》の生命《いのち》のままに生きましょうというのが南無阿弥陀仏《なむあみだぶつ》であります。ところが、阿弥陀様《あみださま》の生命《いのち》のままに生きましょうと口に唱《とな》え

超載劫　はるかな長い年月

南無阿弥陀仏　阿弥陀仏に帰依する意を表す言葉。浄土宗、浄土真宗などで称える言葉

蓄音機　レコードの溝に針を落として音声を再生する装置。一八七七年にエジソンが実用化させた

帰命　仏の教えを信じ、身命を捧げて仏に従うこと

て、その——阿弥陀様《あみださま》は慈悲《じひ》の権化《ごんげ》であるのに、その阿弥陀様《あみださま》の生命《いのち》のままに生きましょうといいながら、嫁《よめ》をいじめてみたり、欲張《よくば》って泥棒《どろぼう》してみたり、無理《むり》なことをして儲《もう》けてみたり、「この位《くらい》のことは好《よ》いだろうから、ちょっとだけ猾《ずる》いことをしよう」とそういうふうなことを考えているようなことでは、「阿弥陀様《あみださま》の生命《いのち》のままに生きましょう」とこういいながら、阿弥《あみ》陀様《ださま》に背《せ》を向《む》けている、どこにも阿弥陀《あみだ》さまに帰命《きみょう》していない。これではその人《ひと》は信心《しんじん》じゃないのであります。本当《ほんとう》の信心というのは、「ここに神が生きる」「ここに仏《ほとけ》が生きる」この自覚《じかく》で生《い》き切《き》るのが信心であります。今《いま》まで仏様《ほとけさま》というものを間違《まちが》って解釈《かいしゃく》して、何《なん》でも涅槃寂静《ねはんじゃくじょう》であって、力《ちから》のない、空《くう》の何《なん》にもないようなものである、とこういうふうに考え、何《なん》の力なく、死んだように、空《くう》になったように遁世《とんせい》してしまう。これが仏様《ほとけさま》の命《めい》令《れい》のままに生きるのだと考えたら間違《まちが》いなのであります。仏様《ほとけさま》は無礙自在《むげじざい》の働《はたら》きをして、少しも休む暇《ひま》もなく働いていられるのであります。人のため

権化　抽象的なものが具体的な形となって現れたもの

涅槃寂静　仏教語。悟りの世界が静かな安らぎの境地であること

遁世　俗世間の煩わしさからのがれること

無礙自在　心にとらわれることがなく、自由自在であるさま

に休む暇《ひま》もなく働《はたら》いて働いて止《や》まない、これが仏様《ほとけさま》の心を我《わ》が心とし、仏《ほとけ》様《さま》に帰命《きみょう》することであります。この世《よ》、現世《げんせ》は無常《むじょう》であって、本来《ほんらい》ない空《くう》であると仏典《ぶってん》はいう。そして仏様《ほとけさま》も空《くう》である、皆《みん》な空《くう》であるからどうでも好《よ》いのだと、したいままをして、結局空《けっきょくくう》に帰《き》して、それで一生涯《いっしょうがい》であるというふうな考《かんが》え方《かた》をして、この世《よ》をつまらなく否定《ひてい》してしまうことを本当《ほんとう》に仏《ぶつ》道《どう》を生きることだと思っていると、それは間違《まちが》いなのであります。現代《げんだい》の仏教《ぶっきょう》が本当の教祖《きょうそ》たる釈迦《しゃか》の御教《みおしえ》から外《はず》れてしまって、ただこの現世《げんせ》は無常である。空々漠々《くうくうばくばく》である、仏様《ほとけさま》も空《くう》である、みんな空《くう》であって、その空《くう》から阿弥陀如来《あみだにょらい》というものが現《あらわ》れて、そうして西方極楽浄土《さいほうごくらくじょうど》に報土《ほうど》を作って、この南無阿弥陀仏《なむあみだぶつ》と口の先《さき》だけで称《とな》えておったら、死んでからそういう極楽浄土《ごくらくじょうど》で楽《らく》をさしてもらうのだというような、そんな馬鹿《ばか》な考えをもっている似而非《えせ》仏教信者《ぶっきょうしんじゃ》があるために、折角《せっかく》の尊《とうと》い釈迦《しゃか》の教《おしえ》が死んでしまい現実《げんじつ》を生かさないという残念《ざんねん》な事《こと》になっているのであります。この釈尊《しゃくそん》の

無常　常に変化し、一定の姿かたちがないこと

空々漠々　ぼんやりとして、とらえどころがないさま。空漠

報土　阿弥陀仏の住む浄土

似而非　見かけは似ているがにせもの

御教《みおしえ》を本当《ほんとう》に生かし、同時《どうじ》にすべての善《よ》き宗教《しゅうきょう》の教祖《きょうそ》の御教《みおしえ》の神髄《しんずい》を生かすのが生長《せいちょう》の家《いえ》であります。本当の信心《しんじん》は、今自分《いまじぶん》が仏子《ぶっし》であり、神の子であるということを知る、そうして、今自分がその仏《ほとけ》なり神の子なりを生きることであります。

「日《ひ》に日《ひ》に生くるが信心なり」を本当に知ったならば今生きることである。仏様《ほとけさま》は衆生《しゅじょう》を救《すく》わんがために千変万化《せんぺんばんか》していられることを知ったら、自分もその通《とお》りに生きることです。これが本当の信心なのであります。喩《たと》えばわれわれが百万長者《まんちょうじゃ》であるということを本当に知ったら、その百万円《まんえん》の金《かね》をじっとさしておくはずがないのであります。あれも買いたい、これも買いたい、あの人《ひと》にもちょっとやって喜《よろこ》ばしてやりたい、こういう事業《じぎょう》も起《おこ》したいと、これは本当に百万円を持ったということを知った人のことです。だけれども百万円親《おや》が遺産《いさん》として残しておいてくれても、そいつを見附《みつ》けない間《あいだ》は、百万円持っていてもそういう働《はたら》きが起《おこ》って来《こ》ないのです。ところが、

千変万化　事態、場面、状況などが次々と変化していくさま

われわれが本当《ほんとう》に百万円《まんえん》を持っているということを知ったら、そこに百万円の活動《かつどう》が始《はじ》まってくる。知るということは活動することである。われわれが仏《ほとけ》の子であり、神の子であるということを知ったならば、その仏《ほとけ》を生活《せいかつ》に生き、神を生活に生きるということになって来《こ》なければならないのです。それを生活に移《うつ》さないのはまだ本当に知らないということです。だからわれわれは仏《ほとけ》の心を行動《こうどう》に移すということによってはじめて仏《ほとけ》をここに実現《じつげん》したということになるのです。仏《ほとけ》は法《のり》である、法《のり》は「宣《のり》」であり「述《の》べる」であり、コトバである。また聖書《せいしょ》のいう通《とお》り、神もコトバである。コトバとは何《なん》であるかというと震動《しんどう》である。震動とは何《なん》であるかというと活動である。活動が神であり、仏《ほとけ》である。仏《ほとけ》は涅槃寂静《ねはんじゃくじょう》で、空《くう》で何《なん》にもない——そんな事《こと》じゃないのです。活動が仏《ほとけ》である。法蔵菩薩《ほうぞうぼさつ》は活動せられて極楽浄土《ごくらくじょうど》を建立《こんりゅう》せられた、今《いま》もまだ働《はたら》き給《たま》うのです。仏《ほとけ》の本願《ほんがん》とは、仏《ほとけ》の活動です。仏とはほどけることで、縛《しば》りがなくなって自由自在《じゆうじざい》になることであって、無礙自在《むげじざい》な

法蔵菩薩　阿弥陀如来の修行時代の名

働《はたら》きが出来《でき》なくては、これは仏《ほとけ》ではない、神ではないということになるのであります。だから今《いま》、皆《みな》さんが神の子であるという実相《じっそう》を「生長《せいちょう》の家《いえ》」によって知らして頂《いただ》いたならば、直《ただち》に、即刻《そっこく》、今日《きょう》から、今から、この瞬間から「神の子」を活動《かつどう》させる、愛によって隣人《りんじん》に働きかけてこれを光明化《こうみょうか》し救《すく》うということが必要《ひつよう》なのであります。

四　一切《いっさい》のものを拝《おが》め

四、吾《われ》らは野《の》を、野の花を、み空を、み空の星《ほし》を、蒼海《あおうみ》を、大地《だいち》を、火を、水を、一切の大自然《だいしぜん》と生物《せいぶつ》とを観《み》るに、その背後《はいご》に神の生命《せいめい》の円相《えんそう》を観《み》、その生命《せいめい》を敬《けい》し、礼《らい》し、愛し、苟《いやし》くも浪費《ろうひ》せざらんことを期《き》す。

そこで、自分自身《じぶんじしん》が神の子であると自覚《じかく》した時《とき》に、次《つ》いでこの神の自覚が

頭注版㉗一九九頁

苟くも　かりにも。かりそめにも

発動《はつどう》し動き出した場合《ばあい》に神の子が活動《かつどう》する環境《かんきょう》はどういう世界《せかい》であるかというと、これは第《だい》一ヵ条《じょう》のところでいった通《とお》り、無限創造《むげんそうぞう》の宇宙《うちゅう》即《すなわ》ち「生《せい》長《ちょう》の家《いえ》」であります。仏教《ぶっきょう》でいうと寂光土《じゃっこうど》である。寂光土《じゃっこうど》というとちょっと平和《へいわ》すぎるので、活気溌剌《かっきはつらつ》たる「生長の家」即ち無限創造の宇宙だと吾々《われわれ》はいうのですが、この無限創造の宇宙たるやどういうものであるかというと、聖経《せいきょう》『甘露《かんろ》の法雨《ほうう》』の講義《こうぎ》の時《とき》に申《もう》しましたように、それは無限次元《むげんじげん》の世界《せかい》である。われわれの住んでいるこの三次元《じげん》（縦《たて》・横《よこ》・厚《あつ》みの三《みっ》つの広がり）の世界だけでもこんなに美しい世界であるのに、それが無限次元の妙《たえ》なる世界である。その妙《たえ》なる世界が、この五官《ごかん》にはその全体《ぜんたい》の貌《すがた》は見えないけれども、妙《たえ》なる世界のうつしとし、写真《しゃしん》として見える。（喩《たと》えば写真ですが、実際《じっさい》の吾々人間《われわれにんげん》の相《すがた》は写真に比べると、もっと複雑《ふくざつ》な相《すがた》をし、もっと複雑な次元《じげん》を備《そな》え、もっと複雑な色彩《しきさい》を備えているのであるけれども、写真には唯《た》だ一色《しょく》の平面《へいめん》の姿《すがた》に写《うつ》っている。）それと同じに、われわれの五官で認《み》

『甘露の法雨』 昭和五年に著者が霊感によって一気に書き上げた五〇五行に及ぶ長詩。『甘露の法雨』の読誦により、今日に至るまで無数の奇蹟が現出している。本全集第三十五・三十六巻「経典篇」参照

識《と》める三次元《じげん》の世界《せかい》では実相《じっそう》の世界の複雑微妙《ふくざつびみょう》な無限次元《むげんひろがり》の妙《たえ》なる美しい世界が平凡《へいぼん》な世界に見えているのであります。けれどもわれわれはこの肉眼《にくがん》で見るところの野《の》を、野の花や、み空の星や、蒼海《あおうみ》や、大地《だいち》や、火や、水や、一切《いっさい》の大自然《だいしぜん》や、生物《せいぶつ》や、一切の現象《げんしょう》を見るのに、この第《だい》三次元の縦《たて》・横《よこ》・厚《あつ》みのこんな下《くだ》らない、単純《たんじゅん》な、味《あじ》のすくない世界とは見ないで、その奥《おく》の奥を観《み》て、実相《じっそう》を観《み》て、もっと無限《むげん》に美しい円満《えんまん》な、完全《かんぜん》な神の生命《せいめい》というものを観《み》る、そうしてそれを敬《けい》し、礼《らい》し、愛し、いやしくも浪費《ろうひ》せざらんことを念願《ねんがん》とするのが生長《せいちょう》の家《いえ》の生《い》き方《かた》であります。

「生長の家」は、ここに明《あきら》かに生命礼拝《せいめいらいはい》の宗《しゅうきょう》教でありますが、原始人《げんしじん》の生《せい》命礼拝《めいらいはい》の宗教とは異《ちが》う。原始人は物《もの》の奥の奥にある実相などというものを知らない。だから生命礼拝《せいめいらいはい》といっても浅薄《せんぱく》な現象《げんしょう》生命《せいめい》の礼拝《らいはい》であったので、現象そのものを不思議《ふしぎ》がって礼拝《れいはい》していたのであります。この現象の奥の実相を観《み》て礼拝《らいはい》することを教《おし》えたのは先《ま》ず『法華経《ほけきょう》』であります。生長の家と仏教《ぶっきょう》とは根本《こんぽん》に於《お》て少しも異《ちが》ってはおりませんけれども、現在世人《げんざいせじん》が普《ふ》通《つう》に考えられている仏教というものとはやや異《ちが》うのであります。というのは、釈迦《しゃか》の説《と》き方《かた》がわるいのではない、釈迦《しゃか》の説き方を理解《りかい》することが出来《でき》なかった後《のち》の祖述者《そじゅつしゃ》が教祖《きょうそ》の正説《せいせつ》を完全《かんぜん》に伝えなかったというわけであります。仏教では「色即是空《しきそくぜくう》」——物質《ぶっしつ》は空《くう》であると、こういう具合《ぐあい》にいうのであります。「生長の家」でも物質は本来空《ほんらいくう》であるというのでありますが「生長の家」ではもう一《ひと》つ「空」を超《こ》えた存在《そんざい》に「実」というのを附《つ》けているのであります。仏教でも無論《むろん》「実相《じっそう》」という言葉は使っておりますけれどもそいつが時々《ときどき》誤《あやま》られまして、「実相は即《すなわ》ち空なり」という具合《ぐあい》に説《と》いている人《ひと》が多いのであります。実相を空《くう》であるとすると、そうすると、その「空《くう》」とはどんなものであるかというと、空《くう》であるから、空気《くうき》みたいで、エーテルみたいで形《かたち》がない。形がないから、何《なに》もないようなものであるから金剛不壊《こんごうふえ》である。例《たと》えば空気はいくら斬《き》っても斬《き》れやしない。もう一つ空気よりも、手

色即是空　仏教語。『般若心経』にある言葉。すべての形あるものは仮のものであり本当はないということ

エーテル　宇宙空間にあって、光・熱・電気の波及のなかだちとなるもの。本著執筆時以降その存在を巡って紆余曲折を経て現在に至る。本全集第二巻「実相篇」第一章「近代科学の空即是色的展開」等参照

にも触《ふ》れない、エーテルみたいなものになってしまうといよいよ斬《き》ることが出来《でき》ないものである、それであるから金剛不壊《こんごうふえ》である。実相《じっそう》はエーテルみたいなものであるから自由自在《じゆうじざい》であると、こう実相を空々漠々《くうくうばくばく》なものと或《あ》る仏教家《ぶっきょうか》は考える。ところがもしわれわれの実相というものがエーテルみたいなものであって、空々漠々《くうくうばくばく》のもので無色透明《むしょくとうめい》の、ちっとも美しいこともなんともない、そういうふうなものが実相であって、変化《へんか》の姿《すがた》、美しい姿というものは幻《まぼろし》みたいな何《なに》もないものであると、こういうふうに説《と》く間違《まちが》った仏教者《ぶっきょうしゃ》に従《したが》って「汝《なんじ》ら実相に還《かえ》れ」という教《おしえ》を生きることになったら、空《くう》になる、エーテルみたいになる、死んで超高熱度《ちょうこうねつど》で焼かれて、透明《とうめい》なガス体《たい》になるのが、仏説《ぶっせつ》に従うことになってしまう。これではさしずめ三原山《みはらやま》や浅間山《あさまやま》の噴火口《ふんかこう》が賑《にぎわ》うことになるのでありますが、これではいけないのであります。

ところが、本当《ほんとう》はこの実相というものはそんな空《くう》じゃないのです。空《くう》は

さしずめ　結局。つまるところ

三原山　伊豆諸島の大島の大部分を占める大島火山の中央火口丘。噴火を繰り返し、昭和六十一年には全島民が避難する大規模な噴火が発生した

浅間山　長野県と群馬県にまたがる活火山。天明三年に大噴火があった

噴火口が賑う　自殺者が後を絶たないこと

現象《げんしょう》であって、実相《じっそう》は空《くう》ではない、それは無限荘厳《むげんしょうごん》の世界《せかい》である。無限の荘厳《うつくしさ》のある世界なのであります。ここが大切《たいせつ》なところでありまして、『法華《ほけ》経《きょう》』以前《いぜん》の仏教《ぶっきょう》では「一切皆空《いっさいかいくう》」となっているのであります。『華厳経《けごんぎょう》』なんかでも、心仏衆生三無差別《しんぶつしゅじょうさんむさべつ》であって本来空《ほんらいくう》のものである。心が悟《さと》れば仏《ほとけ》になり、仏《ほとけ》が迷《まよ》えば衆生《しゅじょう》になる。そうして仏《ほとけ》といえども本来は空《くう》であって、何《なん》にもないようなものであると、こういう具合《ぐあい》に説《と》いてあるところがある。そうするとわれわれが悟《さとり》を開《ひら》いて涅槃寂静《ねはんじゃくじょう》、本来の実相に帰《き》するということは空《くう》になってエーテルみたいなものになる事《こと》だとこういう具合《ぐあい》に考えられる。そうなると、われわれは首《くび》でも縊《くく》って自殺《じさつ》してしまったならば、坐《ざ》禅《ぜん》も禅定《ぜんじょう》も要《い》りはしない。そういうエーテルみたようなものがわれわれの生命《せいめい》の実相であり、それに帰《き》するのが実相に帰《き》するのだとしたならば、生きているのは何《なん》のために生きているのだか判《わか》らない、こういうふうに仏教を間《ま》違《ちが》って解釈《かいしゃく》した人《ひと》が多かったのが仏教衰頽《ぶっきょうすいたい》の原因《げんいん》なのであります。

荘厳　重々しくおごそかなこと

禅定　坐禅に同じ

衰頽　勢いや活力が衰えて弱まること

けれども、『法華経《ほけきょう》』は決《けっ》してこの、そういうエーテルみたいな、千篇一律《せんぺんいちりつ》の、空気《くうき》よりもまだまだ儚《はかな》いような同質平等《ホモジニヤス》な世界《せかい》を説《と》いているのじゃないのであります。『法華経《ほけきょう》』の「自我偈《じがげ》」に書いてある実相《じっそう》の世界は、一様《いちよう》平等《びょうどう》なホモジニヤスな世界ではなく、実《じつ》に実《じつ》に美しい世界が書いてある。園林諸々《おんりんもろもろ》の堂閣《どうかく》、種々《しゅじゅ》の宝《たから》をもって荘厳《しょうごん》せり、宝樹華果《ほうじゅけか》多くして衆生《しゅじょう》の遊楽《ゆらく》する所《ところ》なりと書いてある。あれが本当《ほんとう》の実相の世界です。言葉に現《あらわ》してあるからまだ完全《かんぜん》には現《あらわ》れていない。それは唯《た》だ形容《けいよう》が書いてあるだけでありますけれども、あれが実相の世界であります。その美しい実相の世界が、吾々《われわれ》の五官《ごかん》のレンズを透《とお》して眺《なが》めると、そのレンズに曇《くも》りがあるから今吾々《いまわれわれ》が肉眼《にくがん》で見ているような、こういう美しさやら、汚《よご》れやら、愛やら、争《あらそ》いやらが取《と》り交《ま》ぜて現《あらわ》れている。美人《びじん》もあれば、病人《びょうにん》のような憔悴《しょうすい》した醜《みにく》い相《すがた》もあるというふうに出ているのでありますけれども、本当のわれというものは「無限荘厳《むげんしょうごん》の我《われ》」である。活気溌剌《かっきはつらつ》たる無限《むげん》に生きる力《ちから》を持って、無限《むげん》

千篇一律　多くの詩がどれも同じ調子で変化がないように、多くの物事が同じ調子で変化がなく、面白味がないこと

ホモジニヤス　homo-geneous　同質。均質

園林　庭園の中の林

堂閣　立派な御殿

荘厳　ここではおごそかに美しく飾ること

宝樹　仏教語。極楽浄土にあるという七宝で飾られている木

華果　花や果実

遊楽　あそび楽しむこと

憔悴　疲労や心労のためにやつれること。病気などでやせ衰えること

荘厳《しょうごん》の身《み》を持ち、無限荘厳《むげんしょうごん》の世界《せかい》の中《なか》に今現《いまげん》に住んでいるのであります。今現にその実相世界《じっそうせかい》に住んでいるのです。今現《げん》に住んでいるその世界を、肉《にく》体《たい》が死んでからそういう無限荘厳《むげんしょうごん》の世界へ往《ゆ》くのだと思うと間違《まちが》いであります。衆生劫尽《しゅじょうこうつ》きて大火《たいか》に焼かるると見る時《とき》にも、病苦《びょうく》にて痩《や》せさらばうて貧《まず》しい病床《びょうしょう》にいるように見える時にも、今現《げん》に、吾々《われわれ》は宝樹華果《ほうじゅけか》多き実《じっ》相《そう》の国土《こくど》に安楽身《あんらくしん》を逍遥《しょうよう》させているのです。今現《げん》に実相の国土にいるけれども、五官《ごかん》のスクリーン即《すなわ》ち網目《あみめ》を通《とお》して、下《した》へ映《うつ》る世界は縦《たて》・横《よこ》・厚《あつ》みだけしか映らない。それ以上《いじょう》のひろがりの世界はスクリーンの上《うえ》にあって残っているので、われわれの五官という網目《スクリーン》を通して見るとどうしても縦横厚みの三次元《じげん》しか見えない。その三次元だけでも完全《かんぜん》に原形《げんけい》そのままに見えれば好《よ》いのだけれども、念《ねん》のレンズに凹凸《おうとつ》さまざまの歪《ゆが》みがあるために、真直《まっすぐ》な顔が歪《ゆが》んで見えたり、近眼《きんがん》でないものが近眼に現《あらわ》れたりしている。それでその念《ねん》のレンズの無明《くもり》というものを断《た》ってしまったら近眼が近眼で

逍遥　そぞろ歩きすること

なくなり、或《あるい》は病人《びょうにん》が病人でなくなるというふうになる。けれども、ここに健康《けんこう》になり、近眼《きんがん》の治《なお》った人間《にんげん》でも、それが五官《ごかん》に見える現象人間《げんしょうにんげん》である限《かぎ》り、まだまだ本当《ほんとう》の人間ではない。それは本当の無限荘厳《むげんしょうごん》の、無限《むげん》の美しさの——その何《なん》といおうか、いいようのない、無限の妙《たえ》なる実相人間《じっそうにんげん》の姿《すがた》を、唯《た》だ縦横厚《たてよこあつ》みの三次元《みっつのひろがり》だけを撮影《さつえい》する写真《しゃしん》機《き》で映《うつ》した人間なのです。それからは無限《むげん》次元《じげん》の複雑《ふくざつ》な美しさが捨《す》象《て》られている、ただそれが比較《ひかく》的歪《てきゆが》みなしに映《うつ》っているのは、健康《けんこう》な人間として顕《あらわ》れているのであります。

そうして誌友皆《しゆうみな》さんの家庭生活等《かていせいかつとう》でも、「生長《せいちょう》の家《いえ》」へ入信《にゅうしん》して以来《いらい》、本当に極楽《ごくらく》のような円満《えんまん》な家庭《かてい》が出てきたという事実《じじつ》がたくさんありますけれども、たといそれが極楽《ごくらく》のような家庭でありましても、現象世界《げんしょうせかい》の極楽状態《ごくらくじょうたい》は本当の実相《じっそう》の極楽状態には及《およ》ばないのであります。ともかく、我々《われわれ》は現象を見ても現象だけを見てそれを全部《ぜんぶ》だと思ってはいけないのです。その現象の奥《おく》にある実相を見《み》、そこに十全《じゅうぜん》なる神の相《すがた》、実相の円満《えんまん》な相《すがた》を観《み》て、そうしてそれに対《たい》して敬礼《けいれい》をするという気持《きもち》にならなければならないのであります。蓮如上人《れんにょしょうにん》は「一枚《まい》の紙も総《すべ》て仏物《ぶつもつ》である」といわれたそうでありますが、その心持《こころもち》こそ大切《たいせつ》である。「生長《せいちょう》の家《いえ》の経済学《けいざいがく》」には「物質《ぶっしつ》は無限供給《むげんきょうきゅう》であるから使うほど殖《ふ》える」ということが書いてあります。「使うほど殖《ふ》える」から、紙でも無暗《むやみ》に一字位《ぐらい》書いて紙屑籠《かみくずかご》に捨《す》てると、これは大変経済循環《たいへんけいざいじゅんかん》をよくして好《い》いことだろう、こう考える人《ひと》があるかも知れない。しかし、それは嘘《うそ》である。本当《ほんとう》に使えば使うほど殖《ふ》えるけれども、それは破《やぶ》って捨てるのは使うのじゃないのです。われわれは一枚の紙にも、その背後《はいご》に神の生命《せいめい》を見《み》、神の無限《むげん》の光《ひかり》を見、神の無限の愛を見、これを拝《おが》まずにはおれない。これを礼拝《らいはい》して使わずにはおれない。今《いま》までは「勿体《もったい》ない」ということは棚《たな》の上《うえ》に上《あ》げて蔵《しま》っておくとこういうふうな考《かんが》え方《かた》が多かった。それで「勿体《もったい》ない、勿体《もったい》ない、食べたら勿体《もったい》ない。着たら勿体《もったい》ない」と、戸棚《とだな》や箪笥《たんす》に入れておくという、これじゃいけないのです。神の生命《せいめい》

蓮如上人　応永二十二～明応八年。室町時代の僧。浄土真宗中興の祖と称される。明治十五年に明治天皇より慧燈大師の諡号を賜った

仏物　仏教語。仏に所属するもの

「生長の家の経済学」　本全集第四巻「実相篇」下巻第十三章等参照

は、使ったら減《へ》るというふうなものでない。実《じつ》に立派《りっぱ》なものであるから、この立派なものを、その顕《あらわ》れている生命《せいめい》の働《はたら》きを十二分《じゅうにぶん》に発現《はつげん》させて使えば使うほど増《ふ》えるということになるのであります。無限供給《むげんきょうきゅう》であるから破《やぶ》って捨《す》てるというのじゃないのであって、用途《ようと》に従《したが》ってそこに顕《あらわ》れている神の生《せい》命《めい》を使えば使うほど、神の生命《せいめい》がはっきり顕《あら》わされてくる、それが無限供給である。使えば使うほど殖《ふ》えるということになるのであります。「物質《ぶっしつ》は無《な》い」ということは、そこに何《なに》も無《な》いということではない。皆《みん》な仏物《ぶつもつ》である、皆《みん》な神の生かす力《ちから》の顕現《あらわれ》である。その奥《おく》には物質ならぬ実相《じっそう》があるということであります。これを履《は》き違《ちが》えると大変《たいへん》な間違《まちが》いになるのであります。

生命《せいめい》は生きる、生きるから生活《せいかつ》であります。我《われ》神の子なりと知ったら、神の子を今生きるということ、これが神の子を知るということであると申《もう》しました。それをまた客観界《きゃっかんかい》のものにしましたならば、紙が一枚《まい》ここにある。この紙一枚が、その奥にある実相を見れば、それが仏様《ほとけさま》であり、神様《かみさま》であ

履き違える　意味を取り違える。考え違いをする

って、ここに神の生命《せいめい》が現《あらわ》れているということを知れば、それを生きるということは、悉《ことごと》く与えられたる生命《せいめい》を完全《かんぜん》に発揮《はっき》させるということです。この「生命《せいめい》を発揮させる」ということが紙を使うということです。すると使えば使うほど殖《ふ》えるのであります。この一枚《まい》の紙の使命《しめい》を完全に発揮させたならば、そこに神の生命《せいめい》が生きてきて無限供給《むげんきょうきゅう》ということが出てくるのであります。

光明思想普及会《こうみょうしそうふきゅうかい》が成立致《せいりついた》しまして、たくさんの働《はたら》く人《ひと》が要《い》るからというので就職希望《しゅうしょくきぼう》の人は、就職願《しゅうしょくねがい》を出しておきなさいというふうに、広告《こうこく》が出ておりましたら、それに対《たい》して、就職願《しゅうしょくねがい》をお出しになった方《かた》がたくさんある。そのすべての人に対してはまだ返事《へんじ》を差上《さしあ》げていないのであります。写真《しゃしん》をみな写真ブックに貼《は》りましてそれに番号《ばんごう》を附《ふ》し、そうして各々経歴《おのおのけいれき》を表《ひょう》のようにして写真と経歴とを一目瞭然《いちもくりょうぜん》として判《わか》るようにして事業《じぎょう》の伸《しん》張《ちょう》するに連《つ》れてこの人が欲《ほ》しいなという人を一人来《ひとりき》て下《くだ》さいというふうに

光明思想普及会　昭和九年十一月に著者が設立した出版社。設立時の顧問は著者、社長は宮崎喜久雄。ここで最初の『生命の實相』全集（黒布表紙版）が発行され、月刊誌『生長の家』も引き継がれた

一目瞭然　ひと目見ただけではっきりしていること

通《つう》知《ち》をすることになっております。そうして現在《げんざい》ではもう百名《めい》以上《いじょう》も社員《しゃいん》が出来《でき》ているのであります。ところが、こんな人《ひと》がある。「実《じつ》は私は生長《せいちょう》の家《いえ》の誌友《しゆう》になって実《じつ》に自信《じしん》が満《み》ちておる、自分《じぶん》の願うことは必《かなら》ず成就《じょうじゅ》すると信ずる、それで光明思想普及会《こうみょうしそうふきゅうかい》へ雇《やと》われようと思ったら必ず成就すると私は信じて、今《いま》までよそに働《はたら》き口《ぐち》があっても、働かずに何《なに》もしないで待っておりましたが、とうとう一文《もん》も無《な》くなりましたから、どうぞ使って下さい」とこういう人があります。何故《なぜ》この人は働き口があっても働かなかったのでしょうか。今自分が神の子であるということを知ったら、今「神の子」を生きるということを知らなければならないのです。この一枚《まい》の紙ですらも、この一枚の紙の使命《しめい》を発揮《はっき》させるということが生きるということである。況《いわ》んやここに人間《にんげん》がいるのに、今を生きるということを知らないで、「自分の希望《きぼう》は必ず成就さしてくれるであろうから、成就さしてもらったら、雇《やと》ってもらったら働こう、それまではまア待命《たいめい》だ」とこう思っている――会社《かいしゃ》や軍隊《ぐんたい》

況んや　まして

待命　命令が下るのを待っていること

なら待命《たいめい》があるかも知れませんけれども、この宇宙《うちゅう》という「大生命《だいせいめい》の会社《かいしゃ》」には待命《たいめい》の期間《きかん》というものは一《ひと》つもないのです。今《いま》ここに自分《じぶん》が生命《せいめい》として現《あらわ》れている限《かぎ》りはもう常に現職です。現職《げんしょく》でない人《ひと》は一人《ひとり》もないのです。それを自分で勝手《かって》に休職《きゅうしょく》にしているから金《かね》も入《はい》らなくなり、或《あるい》は病気《びょうき》の人ならどんどん身体《からだ》が弱ってくるのです。これは自分の生命《せいめい》を休職にさしているからです。生命《せいめい》を休職にさしていたら経済的《けいざいてき》には窮迫《きゅうはく》し、肉体的《にくたいてき》には生《せい》命《めい》が涸渇《こかつ》してくるのは当然《とうぜん》のことです。われわれは常《つね》にこの「宇宙大生命《うちゅうだいせいめい》の大会社《だいかいしゃ》」の中《なか》に常に現職で雇《やと》われているということを知らなくちゃならないのです。そうすればどこにいても現職の社員《しゃいん》であるから、一所懸命《いっしょけんめい》に今働かなくちゃならない、これが肝腎《かんじん》であります。今、普及会《ふきゅうかい》に働いておられる人でも、雇ってあげるといわない中《うち》から、勝手《かって》にやってきて一所懸命荷《に》造《づく》りしたり外部《がいぶ》で一所懸命に宣伝《せんでん》していたような人が多いのです。その中《うち》に「あの人あんなに頼《たの》まないでも働《はたら》くのだから入社《にゅうしゃ》させて上《あ》げたら」という

窮迫　経済的に行き詰まって生活に困っている状態
涸渇　水分がなくなること。尽き果てること

事《こと》になって社員《しゃいん》になっておられる人《ひと》もあります。こんな人は、光明思想普《こうみょうしそうふ》及会《きゅうかい》の就職《しゅうしょく》の辞令《じれい》はずっと後《あと》に出たかも知れないけれども、実相《じっそう》では宇宙《うちゅう》大生命《だいせいめい》の会社《かいしゃ》に就職していた人です。ところが、じっとしておって、「私は就職するに違《ちが》いないのであると思念《しねん》していて、それ迄《まで》は何《なに》もしないでいましたら、無一物《むいちぶつ》になりました。生長《せいちょう》の家《いえ》を信じたら無限供給《むげんきょうきゅう》だと思って、信じてじっとして待っていたのですから是非雇《ぜひやと》って下《くだ》さい」と、そういうようなのは、ちょっと根本《こんぽん》の解《と》りようが間違《まちが》っているということになるのであります。常《つね》に吾々《われわれ》は自分《じぶん》の生命《せいめい》を、或《あるい》は「物《もの》」の生命《せいめい》を、百パーセント生かすということが必要《ひつよう》なのであります。人間《にんげん》に雇われなくても、大生命《だいせいめい》に雇われて働けるような人でなければ、本当《ほんとう》に雇ってみても本当に働けやしないのであります。

五　心を清《きよ》く空虚《からっぽ》にせよ

五、吾《われ》らは「心の清き者《もの》は神を見ることを得《う》」との真理《しんり》を信じ、心を飽《あ》くまで清く尚《たか》く純《じゅん》に素直《すなお》に保《たも》たん事《こと》を期《き》す。

「心の清き者は神を見ることを得《う》」ということは、キリスト教《きょう》のバイブルにある句《く》であります。「心の清き者」というのはどういうものであるかというと、何《なに》も無《な》い人《ひと》です。何《なに》もない人が「心の清き者」です。つまり「我《が》」のない人であります。この幼児《おさなご》の心を持ったものが初《はじ》めて真理を知ることが出来《でき》るということは、バイブルにも、『生長《せいちょう》の家《いえ》』にも書いてあるのでありまして、われわれがいくら知恵《ちえ》や学問《がくもん》を有《も》っておりましても、本当《ほんとう》に心が虚無《からっぽ》になっていないと本当の真理を受容《うけい》れることが出来ないのであります。

頭注版㉘一〇頁

「心の清き者は…」 『新約聖書』「マタイ伝」第五章にあるキリストの言葉。「山上の垂訓」の一節

バイブル Bible　聖書

きのうも、或《あ》る青年学生《せいねんがくせい》が来《き》て、「水素《すいそ》と酸素《さんそ》とを合《あわ》したら水になるという化学《かがく》の実験《じっけん》を見てきたが、その時《とき》気がついたことですが、何故《なぜ》水素と酸素とを合《あわ》したらどうして水が出来《でき》るか、その『どうして出来るか？』というわけを教えて下《くだ》さい」といって来たのであります。それは原子価《げんしか》の関係《かんけい》や、イオンの関係で水素と酸素とが合《がっ》したら水になると説明《せつめい》することが出来ますが、その奥《おく》を又尋《またたず》ねて原子価がこう、イオンがこうであれば、何故《なぜ》そう結合《けつごう》して水になるかの理窟《りくつ》を更《さら》に尋ねられたら理窟《りくつ》では答えられない。これは理窟《りくつ》ではない事実《じじつ》なのです。「水素と酸素と合《あわ》したら水になる。」ただそれは事実だから否定《ひてい》出来ないのである。これは事実である。或《あるい》は酸素と水素と合《あわ》したら炭《すみ》になるというふうな理窟《りくつ》が仮《か》りに成立《なりた》ったところが、唯《た》だ「酸素と水素と合《がっ》すれば水が出来る」ということが事実であれば、事実ほど強いものはない、こう答えたのであります。世《よ》の中《なか》には妙《みょう》な人《ひと》があって、生長《せいちょう》の家《いえ》で病気《びょうき》が治《なお》る事実があるのに、「宗教《しゅうきょう》で病気が治《なお》るはずがない、もし治《なお》った

原子価　ある原子または原子団が他の原子何個と結合しうるかを示す数

イオン　電気を帯びた原子または原子団。正の電気を帯びたものを陽イオン、負の電気を帯びたものを陰イオンという

らそれは邪教《じゃきょう》だ」という理窟《りくつ》を製造《せいぞう》して躍起《やっき》になっている人《ひと》もあります。理窟《りくつ》で「治《なお》らない」と弁証《べんしょう》し、多数決《たすうけつ》で決定《けってい》しても事実治《じじつなお》ったら仕方《しかた》がないのであります。

それと同じく吾々《われわれ》が「神の子である」とは何故《なぜ》神の子であるか、何故《なぜ》人間は神の子でないのかとこういったところが、神の子であるから神の子である、これはもう理窟《りくつ》ではないのです。神の子であるから神の子である。よく「無明《まよい》はどうして無《な》いのか」と、こういわれる。「無明《まよい》はないから、ないのだ」と、これしか答《こた》えようがない。色々《いろいろ》理窟《りくつ》をいうことは出来《でき》ます。或《あ》る程度《ていど》まで、八十パーセント迄《まで》、なるほどと思われる位《くらい》には説明《せつめい》も出来ますけれども、いくら巧《たく》みに、弁舌巧妙《べんぜつこうみょう》に理窟《りくつ》を説《と》いてみたところが、事実がそうでなかったら何《なん》にもならない。ところがいくら理窟《りくつ》で言えなくても事実がそうであればそれはもう否定《ひてい》することが出来ないのであります。人間《にんげん》はどうして神の子であるのか、人間はどうして物質《ぶっしつ》ではないのか――ゆうべ出

躍起になる 焦ってむきになるさま

弁証 弁論して証明すること

弁舌巧妙 すらすらと巧みに述べるさま

た話ですが——人間《にんげん》はどうして神でないのか、こういったところが、これはそんなような理窟《りくつ》が成立《なりた》っても、人間は神であるという事実《じじつ》があれば仕方《しかた》がない。事実が実相《じっそう》である。それできのうも或《あ》る人《ひと》が来《こ》られていわれるのに、「先生《せんせい》は実相は真理《しんり》である、真理ほど確《たし》かなものはないといわれますが、私はその真理という言葉が感心《かんしん》しない、理という何《なん》だか理窟《りくつ》で本当《ほんとう》の真《しん》ではない気がする。こんな気になったのは、先生実《じつ》は或《あ》る雑誌《ざっし》に生長《せいちょう》の家《いえ》の妄評《もうひょう》が書いてある、本を読んで病気《びょうき》が治《なお》るなんて、そういう馬鹿《ばか》なことはあるはずがない、もし治《なお》るのなら、生長の家が騒《さわ》ぎ出《だ》してから、日本全人口《にっぽんぜんじんこう》の中《なか》で何《なん》パーセント死亡率《しぼうりつ》が減《へ》ったか、何《なん》パーセント罹病率《りびょうりつ》が減ったかという事《こと》を示してみよ、生長の家が宣伝《せんでん》し出《だ》してから、ちっとも日本人全体《にっぽんじんぜんたい》の罹病率は減ってはおるまいがな、というふうなことが書いてある。成程《なるほど》ひと理窟《りくつ》らしいのですが、これは理窟《りくつ》です。日本人総体《にっぽんじんそうたい》の死亡率が減っていなければ、いくら個々《ここ》の人の病気が治《なお》った実例《じつれい》があってもそれはウソだとその雑

妄評　でたらめな批評をすること

罹病率　病気にかかる人の割合

誌はいっているのです。先生《せんせい》こんなのを事実《じじつ》を無視《むし》した理窟《りくつ》の『真理《しんり》』というのですなア」といわれるのです。この人《ひと》は生長《せいちょう》の家《いえ》で現《げん》に病気《びょうき》の治《なお》る事実を見て知っていられるのです。幸《さいわ》いに生長の家では罹病率《りびょうりつ》の激減《げきげん》した会《かい》社《しゃ》の統計《とうけい》や、事故率《じこりつ》が絶無《ぜつむ》に減《げん》じた鉄道《てつどう》の統計があったからそれを発表《はっぴょう》しましたが、仮《かり》にここに三十人《にん》の生徒《せいと》が近眼《きんがん》であった、その三十人の近眼が治《なお》ったら、近眼が三十人減《へ》ったということは事実である。理窟《りくつ》で推論《すいろん》して、ちっとも日本人全体《にっぽんじんぜんたい》の病人数《びょうにんすう》は減っておらぬといっても、十人病気が治《なお》ったら、事実十人病人《びょうにん》は減ったのであって、これほど確実《かくじつ》なことはないのです。理窟《りくつ》さえ通《とお》ったら事実を消せると思ったら間違《まちが》いです。そのうちに日本《にっぽん》人総体《じんそうたい》の死亡率《しぼうりつ》が減ったとわかる時代《じだい》が来《く》ると信じます。ともかくこういうふうに理窟《りくつ》が心の中に色々《いろいろ》と詰《つま》っている人は事実があっても本当《ほんとう》に素直《すなお》に受《う》け容《い》れることが出来《でき》ない。現《げん》に眼《め》の前《まえ》で病人が一人《ひとり》減り二人《ふたり》減り続々《ぞくぞく》と減っておる事実を見ても全人口《ぜんじんこう》でどこが減っておるかという、こういうことを言いたくなってくる人《ひと》を、こういう我《が》の理窟《りくつ》や塵埃《ごもく》を心の中《なか》に色々《いろいろ》と有《も》っていて真実《しんじつ》を受入《うけい》れることが出来《でき》ない人を、心の清《きよ》くない人というのであります。

心の清き人は本当《ほんとう》に神を見る、実相《じっそう》を見ることが出来る。心の中《なか》に塵埃《ごもく》が一パイにないからするすると真理《しんり》が入《はい》るのであります。却《かえ》って幼児《ようじ》に、何《なん》の学問《がくもん》もない、小さな五《いつ》つ六《むっ》つ位《ぐらい》の子供《こども》が生長《せいちょう》の家《いえ》の真理を知り、神を知っているというような実例《じつれい》がたくさんあります。

私が服部《はっとり》さん宅《たく》の誌友会《しゆうかい》へ行《ゆ》きました時《とき》に、弘《こう》ちゃんという五、六歳《さい》の子供がいてどこかの柱《はしら》で手を打った。誌友《しゆう》の一人《ひとり》が痛《いた》いでしょうといったら、「痛いというから痛いのだ、痛いことないよ。僕《ぼく》は神の子だから痛いことなんかないよ」といって威張《いば》っているのです。子供というものは心に塵埃《ごもく》がないから実《じつ》に素直《すなお》だ！　この子供の親《おや》は熱心《ねっしん》な生長の家の誌友《しゆう》だったから、親の時々《ときどき》いう言葉をそのまま何《なん》の疑《うたが》いもなく受入《うけい》れて自分《じぶん》は神の子であると信じ切っている。痛いの？　といえば心が痛いのであって実際《じっさい》の人間《にんげん》は痛くな

ごもく　ごみ。あくた

服部さん　服部仁郎。明治二十八～昭和四十一年。彫刻家。救世観音、如意輪観音などの名作を生んだ。著者の妻である谷口輝子夫人ほか複数の信徒が霊視した神姿を再現して神像を制作した。評伝に『今を生きる』がある。本全集第八巻「聖霊篇」上巻第一章等参照

いとちゃんと知っている。これは心の清き人《きよひと》にして初《はじ》めて可能《かのう》のことである。それで、われわれは『生命《せいめい》の實相《じっそう》』を読んでも、この心の清きものになって『生命《せいめい》の實相《じっそう》』を読まなければならないのです。『生命《せいめい》の實相《じっそう》』を読んでも直《すぐ》に病気《びょうき》が治《なお》らないような人は、きっとこの心の清くない人です――心が清くないというても、泥棒《どろぼう》するとかそういうふうな意味《いみ》ではないのです。――知恵《ちえ》や学問《がくもん》の塵埃《ごもく》で一杯《いっぱい》に詰《つま》っている、そういう人ほど却《かえ》って生命《せいめい》の実相《じっ》を素直《すなお》に受容《うけい》れることが出来《でき》ないので――先《ま》ず一遍一切《いっぺんいっさい》の知恵学問を捨《す》てて『生命《せいめい》の實相《じっそう》』を読まなくてはならない。一切人知《じんち》を否定《ひてい》してしまうのじゃありませんけれども、一度《ど》は傍《かたわら》のバケツへ知恵の水を移《うつ》し代《か》えておいて、心のコップの中《なか》に水を注《そそ》ぐように入《い》れるわけです。コップの中《なか》へ濁《にご》った液体《えきたい》を入《い》れておいて、その上《うえ》から更《さら》に清い水を容《い》れてやろうと思ってもなかなか入《はい》りにくいのであります。それで一度は心のコップを空《あ》けてしまっておいて、空虚《からっぽ》にしておいて入《い》れる。この虚無《からっぽ》の心、虚無《からっぽ》のこの心が「清きもの」であって、嘘《うそ》を吐《つ》かぬとかそういうふうなことじゃないのであります。本当《ほんとう》にこの虚無《からっぽ》の心になった時《とき》に初《はじ》めて神を観《み》ることが出来《でき》るというわけであります。

六　自己《じこ》の欲《ほっ》せぬことを思うな

六、吾《われ》らは「類《るい》は類を招《よ》ぶ」の心の法則《ほうそく》を知るを以《もっ》て苟《いやし》くも自己の欲《ほっ》せざることを心に思わざらんことを期《き》す。

「類は類を招《よ》ぶ」というのは生長《せいちょう》の家《いえ》の横《よこ》の真理《しんり》であります。仏教《ぶっきょう》でいえば「三界《がい》は唯心《ゆいしん》の所現《しょげん》」である。これは、現象界《げんしょうかい》が展開《てんかい》して来《く》る、業《ごう》の流《る》転《てん》してくる法則を現《あらわ》したものであります。業《ごう》は如何《いか》にして流転《るてん》するかというと、この「類は類を招《よ》ぶ」という法則によって流転《るてん》しているのであります。

頭注版㉘一五頁

「類は類を招ぶ」 波長の合うもの、似通ったものは自然と寄り集まること

ここへ集《あつま》っておられる方《かた》はそれぞれまた「類《るい》は類を招《よ》ぶ」という法則《ほうそく》によって集《あつま》っておられるのでありますから、ここにおられる皆《みな》さんの心はよく調和《ちょうわ》している、そして仲《なか》のわるい人《ひと》は一人《ひとり》もない、みんな生長《せいちょう》の家《いえ》の家族《かぞく》であるという懐《なつ》かしい感《かん》じがする。根本《こんぽん》の思想《しそう》というものがちょうど相牽引《あいけんいん》する類似《るいじ》の人ばかりが集《あつま》っていられるからであります。よくお嫁《よめ》に行《ゆ》かれた御婦人《ごふじん》が嫁《とつ》いだ先《さき》の姑《しゅうとめ》さんはひどい姑《しゅうとめ》さんであったと、こういって自分《じぶん》のことは棚《たな》に上《あ》げておいて姑《しゅうとめ》ばかりひどいひどいと思っているようなお嫁さんが往々《おうおう》にしてありますけれども、「類は類を招《よ》ぶ」という心の法則をもし知ったならば、自分自身《じぶんじしん》が姑《しゅうとめ》と類似の心を有《も》っていたということに気が付いて、自然《しぜん》と懺悔《ざんげ》の心が起《おこ》ってきて、ああ私がわるかった、これは自分の心の鏡《かがみ》であった、本当《ほんとう》に申《もう》しわけなかったということに気が付くのでありま す。こんな実話《じつわ》があります。或《あ》る人《ひと》がお嫁に行《ゆ》かれまして、そこの姑《しゅうとめ》さんが非常《ひじょう》に吝嗇《りんしょく》で、お嫁《よめ》さんが御飯《ごはん》を一杯《ぱい》よそって食べますと、お櫃《はち》に蓋《ふた》を

牽引　引き合う。引き寄せる

吝嗇　物惜しみをすること。けち

お櫃　飯を入れておく木製の器。円形または楕円形で蓋がある。めしばち。おひつ

して、お姑《しゅうとめ》さんがお櫃《はち》の上《うえ》へ肱《ひじ》をかけて見ておられるのです。それから二杯目《はいめ》には、「ちょっと済《す》みませんが」といって、蓋《ふた》をあけさしてもらってよそう。それが三杯目《ばいめ》になると、「ちょっと済みませんが……」というのも気が引ける。まアそれでお腹《なか》は空《す》いているけれども止《や》むを得《え》ず我慢《がまん》しておったが、あんまりひどいと思って、その姑《しゅうとめ》を憎《にく》み憎みしていた。また姑《しゅうとめ》の方《ほう》からも意地《いじ》わるばかりして来《く》るというので、とうとうそこを離婚《りこん》してもらって、別《べつ》のところへ再縁《さいえん》して行《ゆ》かれたのです。今度《こんど》は姑《しゅうとめ》のない家《うち》でないと嫁《ゆ》かぬというのでそういう家《うち》を選《よ》って再縁して行《ゆ》かれたのですが、今度はそこの夫《おっと》がこうお櫃《はち》の蓋《ふた》に肱《ひじ》を掛《か》けて蓋《ふた》を明《あ》けさせないようにして見ておる。それでもまア、二杯目位《ぐらい》は遠慮《えんりょ》しながらでも食べられるけれども、三杯目になると、「お前《まえ》あんまり肥《ふと》ったらいかんぞ、細いのが私は好きだから……」と、そういうふうなことをいわれる、とうとうそこの家《いえ》も駄目《だめ》になって実家《じっか》へ帰ってきたという実際《じっさい》の話があります。こういうふうな人《ひと》は自分《じぶん》はわるく

再縁　二度目の結婚をすること。再婚

ないと思っているけれども、自分《じぶん》の心の中《なか》に同じものがあるのであります。それと同じものがあるのでその人《ひと》の行《ゆ》く先《さき》行く先で自分の心と同じような事《じ》件《けん》が展開《てんかい》してくるのであります。

上海事変《シャンハイじへん》の時《とき》に上海《シャンハイ》の或《あ》る高等女学校《こうとうじょがっこう》の先生《せんせい》が災害《さいがい》を恐《おそ》れて逃《に》げて、弾《だん》丸《がん》が隣《となり》の家《いえ》へ落ちると又引越《またひっこ》しをする、引越《ひっこ》すと又《また》その隣に落ち又《また》逃げるというふうなことをやって、行《ゆ》く先《さき》行く先で弾丸に見舞《みま》われて、死にはしなかったけれども、幾回《いくかい》逃げても、そのつい隣にまで弾丸がやってくるような目に遭《あ》っておられた事実《じじつ》の報道《ほうどう》が『生命《せいめい》の實相《じっそう》』第《だい》二巻《かん》に出ていましたが、ちょうどそれと同じようなことであります。われわれに弾丸が中《あた》るのは、わるい姑《しゅうとめ》というものが当《あた》るのと同じことで、自分の心の通《とお》りのものが外《そと》に現《あらわ》れているのであります。弾丸は外にあるのかと思うと、決して外ばかりじゃない。意地《いじ》わるの姑《しゅうとめ》というものも外にあるのかと思うと、自分の心の中《なか》にある。それで今度《こんど》は姑《しゅうとめ》のいないところへさえ行《ゆ》けば意地《いじ》わるの姑《しゅうとめ》というもの

上海事変　昭和七年一月二十八日に上海で起こった日本と中華民国との戦闘

高等女学校　旧制で女子の中等教育を行った学校。高女

第二巻　愛蔵版その他の二十巻本第二巻。上記の記述は本全集第一巻「光明篇」

はおらんかと思い姑《しゅうとめ》のない家《いえ》へ行《ゆ》くと、今度《こんど》は姑《しゅうとめ》と同じような、男の顔《かお》をしているけれども、意地《いじ》わるの夫《おっと》があるということになり、そこをやめて帰ると奥《おく》さんの実家《じっか》では、出戻《でもど》りであるというので虐《いじ》められて、帰ってからも御飯《ごはん》のお櫃《はち》の上《うえ》へ肘《ひじ》をやって虐《いじ》められたかどうかは知りませんけれども、お前《まえ》のようなものはどこへ行《い》っても辛抱《しんぼう》が出来《でき》ないとか何《なん》とかいって、同じ種《しゅ》類《るい》の虐《いじ》められかたをしたに相違《そうい》ないと思うのであります。

そこで、吾々《われわれ》の運命《うんめい》というものは、どこへ行《い》っても鏡《かがみ》が変《かわ》るだけであって、そこの場所《ばしょ》で自分《じぶん》の心の顔《かお》の相《すがた》が映《うつ》るということになるのであります。それで「類《るい》は類を招《よ》ぶ」という心の法則《ほうそく》を知って、自分が不幸《ふこう》が嫌《きら》いならば、いやしくも自分の心にそれと同じような心持《こころもち》を抱《いだ》かないようにしなければならないのであります。

よく病気《びょうき》を恐《おそろ》しがる人《ひと》がある。「私は病気が恐《おそろ》しいのです」こういっておられる人がある。病気が恐《おそろ》しかったら病気を思わぬようにしなさい、こういうのでありますけれども、病気《びょうき》の恐《おそろ》しい人《ひと》ほど病気のことを考えている、もう二六時中《にろくじちゅう》病気のことばかり考えている。病気に罹《かか》ったら、病気に罹《かか》ったら、とこう考えておられる。そういうふうな人は、結局《けっきょく》普通《ふつう》よりも早く病気にかかって死ぬということになるのであります。

生長《せいちょう》の家《いえ》の誌友《しゆう》の親類《しんるい》の人で秋吉《あきよし》さんといわれる未亡人《みぼうじん》がおりましたが、その方《かた》の夫《おっと》といわれる人はチフスの恐怖症《きょうふしょう》であって、親類の人のチフスで死んだ印象《いんしょう》を受けて、それから自分《じぶん》はチフス菌《きん》というものが非常《ひじょう》に恐《おそろ》しくなって、チフス菌は煮沸《しゃふつ》したならば死んでしまうというので、どんなものでもみんな煮沸して食べ、生《なま》の物《もの》なんか食べたことはない。生水《なまみず》なんか無論《むろん》飲まない。顔を洗うのだって、口を漱《すす》ぐのだって、チフス菌がおったら危《あぶな》いというのでみんな一度沸騰《どふっとう》さした湯《ゆ》ざましで顔を洗うということまでやっておられた。ところがやはりチフス菌に冒《おか》され、どこから入《はい》ってきたのか知らぬけれども、チフスに罹《かか》って死んでしまわれたのです。こんなに何《なん》でも煮沸《しゃふつ》

二六時中 一日中。四六時中とも言う

未亡人 夫と死別して再婚していない女性。寡婦。後家

チフス チフス菌による伝染性感染症。発熱等の症状が現れ、小腸に潰瘍ができる

して使いながらチフスに罹《かか》って死んだのは「類《るい》は類を招《よ》ぶ」という心の法則《ほうそく》によって、自分《じぶん》の心の中《なか》に描《えが》いたものが形《かたち》に現《あらわ》れてきたのであるということになるのであります。自分の心にチフスを描《えが》けばチフスが出てくるのです。肺病《はいびょう》を描《えが》けば肺病が出てくる、胃病《いびょう》を描《えが》けば胃病が出てくるのであります。それで肺病の恐《おそろ》しい人《ひと》は、肺病を思わないようにすると好《い》いのです。『生命《せいめい》の實相《じっそう》』を読むと、「人間《にんげん》は神の子で病気《びょうき》はない」と書いてある。ないと書いてあるだけでどうして治《なお》るかというと、本当《ほんとう》にないと知ったら悩《なや》みがなくなる、心に思わなくなる。ないように思うだけではない、本来《ほんらい》無いから悟《さと》った時《とき》にその本来無《な》いがあらわれてそれで治《なお》ってしまうのです。病気が本来アルと思っている間《あいだ》はどうしても治《なお》りにくい。人《ひと》によって徐々《じょじょ》に治《なお》ってくるのは、その「無い」が徐々《じょじょ》に知られてくるから徐々《じょじょ》に治《なお》ってくるわけであります。この「類は類を招《よ》ぶ」というのは、肺病を思えば肺病が起《おこ》るといことだけでなしに、例《たと》えばこの「心配《しんぱい》」をする、心配——いい換《か》えると、胸《むね》に思《おもい》を溜《た》めると、すぐにこの胸《むね》が痛《いた》くなって来《き》て、やがてそれが蓄積《ちくせき》して昔《むかし》なら恋患《こいわずら》いというふうなことになる。恋患《こいわずら》いというのは今《いま》なら肺病《はいびょう》肋膜炎《ろくまくえん》というところです。心で思うから病気《びょうき》をするんだと教《おし》えてあげると、私は肺病を思ったことはありませんのに何《なん》だか身体《からだ》が衰弱《すいじゃく》する、疲労《ひろう》をするので医者《いしゃ》へ行《ゆ》きましたら肺病だと宣告《せんこく》されました、こういわれる。これは心の法《ほう》則《そく》を知らざる人《ひと》がいうことであって、肺病と思わなくても、胸に思《おもい》を溜《た》めると「類《るい》は類を招《よ》ぶ」という法則によって胸に血液《けつえき》が鬱結《うっけつ》し、血行《けっこう》が悪くなり、その部分《ぶぶん》の抵抗力《ていこうりょく》が衰《おとろ》えて胸の病気に罹《かか》るということになるのであります。これは「類は類を招《よ》ぶ」という法則によって出てくるのであります。

われわれが人から、私はちょっと足がわるいのです、私は手がどうでございます、これはどういう心持《こころもち》から来《き》ますかと、こういって、色々《いろいろ》と病気の起《おこ》る原因《もと》の心を指摘《してき》せよといわれる。それを、あんたのこういう心持《こころもち》から起《おこ》るのですよ、こういって上《あ》げることが出来《でき》るのは、それを開《ひら》く鍵《かぎ》はどこにあ

恋患い 恋しく思うあまりに起こる、悩みや気のふさぎ

肋膜炎 肺の外部を覆う胸膜に炎症が起こる疾患。現在では胸膜炎という

鬱結 滞ってふさがること

るかというと「類《るい》は類を招《よ》ぶ」という心の法則《ほうそく》が鍵《かぎ》であります。この鍵によって病気《びょうき》の原因《げんいん》を開《ひら》けば治《なお》るのであります。『生命《せいめい》の實相《じっそう》』を読めば自然《しぜん》とその鍵がわかるように書いてある。だから『生命《せいめい》の實相《じっそう》』を読めば、誰《たれ》でも教祖《きょうそ》のようになって「あなたの病気はこういう心持《こころもち》で起《おこ》る」と御神宣《ごしんせん》を下《くだ》すことが出来《でき》るようになる。自身《じしん》が病気の人《ひと》なら自分《じぶん》で自分の心の欠点《けってん》が『生命《せいめい》の實相《じっそう》』を読んでいるうちに省《かえり》みられ、是正《ぜせい》されて病気が治《なお》ってくるのであります。例《たと》えば中風《ちゅうぶう》に罹《かか》ってふるえている人《ひと》に、あんたは癇癪持《かんしゃくも》ちですね、こういうと慥《たし》かに当《あた》る、嘘《うそ》ではない、必ず当《あた》る。それは『生命《せいめい》の實相《じっそう》』を読み、「類は類を招《よ》ぶ」という心の法則を知れば病気の形《かたち》に従《したが》って、ハハアこれはどういう心が具象化《かたちにあらわ》れたものだと分《わか》るのです。このことは近代《きんだい》の精神分析《サイコアナリシス》がある程度《ていど》まで科学的《かがくてき》に立証《りっしょう》した。人が本当《ほんとう》に激昂《げっこう》したら身体《からだ》がぐっと固《かた》くなって身慄《みぶる》いする、手が慄《ふる》えている、或《あるい》は完全《かんぜん》に発言《はつげん》することが出来ない。そいつが今度《こんど》或《あ》る機会《きかい》に形《かたち》に現《あらわ》れてそうして手が慄《ふる》える

御神宣　神様のお告げ。御託宣

中風　脳卒中の後遺症である半身不随、手足の麻痺、言語障害などの症状

サイコアナリシス　Psychoanalysis ジークムント・フロイトが始めた人間の深層心理を扱う学問。本全集第十一巻「精神分析篇」参照

激昂　はげしく興奮すること。いきり立つこと

ような病気《びょうき》に罹《かか》っている。それをあんたは癇癪《かんしゃく》持ちですねというとすぐ当《あた》るのです。秘密《ひみつ》も秘伝《ひでん》も何《なに》もない。誰《たれ》でも『生命《せいめい》の實相《じっそう》』を読めば御神宣《ごしんせん》が下《くだ》されるわけであります。精神分析《サイコアナリシス》では神経症《しんけいしょう》しか治《なお》らないが、生長《せいちょう》の家《いえ》式《しき》に「類《るい》は類を招《よ》ぶ」心の法則《ほうそく》を理解《りかい》すれば器質上《きしつじょう》の具体的病気《ぐたいてきびょうき》でも治《なお》るのであります。例《たと》えば顔《かお》にお腫物《できもの》が出来《でき》た人《ひと》が来《く》るとする。顔にお腫物《でき》が出来るとその顔が脹《ふく》れている。「あんたは不平《ふへい》の心をもったですね。」そういうとピッタリ的中《てきちゅう》する。それは本当《ほんとう》であって、「肉体《にくたい》は心の影《かげ》」である。「類は類を招《よ》ぶ」という心の法則によって、不平を起《おこ》している人は脹《ふく》れる病気にかかるのです。不平な心でいる人に「お前《まえ》は脹《ふく》れ面《つら》をしている」という、心が脹《ふく》れれば肉体も脹《ふく》れるのです。聖典《せいてん》を熱心《ねっしん》にお読みになりさえすれば、誰《たれ》に聞かなくても必《かなら》ずしも献納金《けんのうきん》を出して、「ひとのみち」の教祖《きょうそ》に聞かなくてもいいのです。「ひとのみち」を悪い教《おしえ》のようにいっている人もあるが、御神宣《ごしんせん》は心の法則を摑《つか》んでやっているのです。しかしあの教《おしえ》は教祖又《また》

器質上　臓器や器官の構造上、あるいは形態上、解剖学上

献納金　すすんで収めた金品。奉納金

は準教祖《じゅんきょうそ》のみが心の法則《ほうそく》を摑《つか》んでいて信者《しんじゃ》に一般《いっぱん》に公《おおやけ》にしないのです。ところが皆《みな》さんが、皆《みん》な自分《じぶん》で教祖《きょうそ》のようになれるのが「生長《せいちょう》の家《いえ》」の特色《とくしょく》であります。近眼《きんがん》の人《ひと》が治《なお》して欲《ほ》しいといってくれば、あなたはこういう心《こころ》持《もち》だから近眼であると、ピタリピタリと的中《てきちゅう》する。『生命《せいめい》の實相《じっそう》』を読んだだけで人の心の欠点《けってん》を指摘《してき》して一語又《ごまた》は数語《すうご》で、医界難治《いかいなんち》の近眼を治《なお》した人の実例《じつれい》が吾々《われわれ》の発行《はっこう》していた雑誌《ざっし》『生命《せいめい》の教育《きょういく》』の「『近眼は治《なお》る』特輯号《とくしゅうごう》」に多く収録《しゅうろく》されたことがあります。病気《びょうき》を見て人の心持《こころもち》を何《なん》でもよく当てることが出来《でき》るのは「類《るい》は類を招《よ》ぶ」ということによって、心の通《とお》りの相《すがた》が肉体《にくたい》に現《あらわ》れているのを看破《かんぱ》するから当てられるのです。このように、肉体は心の影《かげ》でありますから、われわれが円満完全《えんまんかんぜん》な相好《そうごう》をし、円満完全健康《けんこう》な肉体をし、円満完全で何不自由《なにふじゆう》なき境遇《きょうぐう》になろうと思うならば、先《ま》ず心が円満完全にならねばならないのであります。その円満完全なる心になろうとしましても、修養《しゅうよう》や克己《こっき》で、腹立《はらだ》つ心を抑《おさ》えたり、憎《にく》む心を制《せい》したり、不平《ふへい》

『生命の教育』 昭和十年八月創刊の月刊誌。著者が提唱した「生命の教育」の普及のために創刊された

『近眼は治る』特輯号 昭和十年十月一日発行『生命の教育』第三号。その内容は本全集第四十四巻「真理体験篇」に収録

看破 見破ること。見抜くこと

相好 顔つき。表情

克己 自分の邪心や欲望に打ち勝つこと

不足《ふそく》な心を抑《おさ》えたり、色々《いろいろ》わるいことを一《ひと》つ一つ抑えて行《ゆ》こうとすると、こいつはなかなか難《むつか》しいのである。けれども、われわれは、そういう怒《いか》る心、腹立《はらだ》つ心、憎《にく》む心というような一つ一つの心を抑えなくても急所《きゅうしょ》がある。猫《ねこ》でも首の上《うえ》のところを撮《つま》んでひょっと上《あ》げる、急所を捉《つか》むとじっとしている。それと同じで、われわれの感情《かんじょう》でも急所を把《つか》んでひょっと上げるともう温和《おとな》しくなってしまうのです。その急所はどこにあるかというと「実相《じっそう》」です。われわれは「生命《せいめい》の実相」を捉《つか》む、人間《にんげん》の実相を捉《つか》んでぶら下げると誰《たれ》でもみな温和《おとな》しくなる。ほかの修養《しゅうよう》では心を外《そと》から抑《おさ》えて行《ゆ》こうとしますが、「生長《せいちょう》の家《いえ》」では『生命《せいめい》の實相《じっそう》』を読んでいるうちに「実相」を表現《ひょうげん》した文章《ぶんしょう》の力《ちから》、言葉の力で、読むだけで心が和《なご》んで来《き》、心の欠点《けってん》が直《なお》って来《く》るようになっていて、外から無理《むり》に抑えなくても万事《ばんじ》がよくなるようになっているのです。それでどんな意地悪《いじわる》な姑《しゅうとめ》さんでも猫と同じことで、こちらの心が穏《おだや》かになって、相手《あいて》の実相——神の子——という急所を把《つか》むと、そうすると皆《みん》な猫《ねこ》のように、イヤそうじゃない、神の子のように温和《おとな》しくなりまして、そうして皆《みん》なあの人《ひと》も神の子である、この人も神の子であると、本《ほん》当《とう》に大調和《だいちょうわ》した世界《せかい》が、家庭《かてい》にも環境《かんきょう》にも実現《じつげん》してくると、自分《じぶん》の往《ゆ》くところ神の子たらざる人はないというようになって円満完全《えんまんかんぜん》な調和《ちょうわ》した世界が現《あらわ》れるということになるのであります。

七　自他《じた》の悪《あく》を思わず常《つね》に光明《こうみょう》に転向《てんこう》せよ

七、吾《われ》らは自他の悪を云為《うんい》する時間《じかん》あらば、神を想《おも》い、完全《かんぜん》を想い、自己《じこ》の新《しん》生《せい》と生長《せいちょう》とに利用《りよう》せんことを期《き》す。

病気《びょうき》でも幸福《こうふく》だという人があるかも知れませんが、それはその人個中《こちゅう》の消息《しょうそく》であって、本当にその人の働《はたら》きで人生《じんせい》を積極的《せっきょくてき》に幸福にしているとは

頭注版㉘一一三頁

申《もう》せません。病人自身《びょうにんじしん》は病気《びょうき》を楽しみ、病気の人生《じんせい》に於《お》ける意義《いぎ》を考え、苦痛《くつう》の歓《よろこ》びを魂《たましい》で歌っていることがあり得《う》るにしましても、またそういう人《ひと》があり得《え》たということが、病《や》める多くの隣人《りんじん》の「慰《なぐさ》め」にはなるにしても、それは、ただ消極的《しょうきょくてき》に病人の「慰め」になるのであって、積極的現実《せっきょくてきげんじつ》的《てき》に病人を病患《びょうかん》より救《すく》うことは出来《でき》ません。病苦《びょうく》を耐《た》え忍《しの》び得《う》る知恵《ちえ》を授《さず》けるのも必要《ひつよう》ではありますが、それは消極的です。病苦を気《き》の毒《どく》だと思うならば、病苦を耐え忍ぶ方法《ほうほう》よりも、病苦の消える方法を教《おし》える方《ほう》が一層《いっそう》病人に対《たい》して深切《しんせつ》でありましょう。更《さら》に病苦の消える方法を教えるよりも、積極的に健康《けんこう》となる方法を教えることが出来れば、それに越《こ》したことはないでしょう。

前項《ぜんこう》でも申《もう》しました通《とお》り、「肉体《にくたい》は心の影《かげ》」であります。吾等《われら》の心の念《おも》いは肉体中《にくたいじゅう》のすべての器官《きかん》すべての細胞《さいぼう》にその形《かたち》を印《いん》して、その念《おも》いの通《とお》りに肉体を変形《へんけい》してしまうのであります。最近《さいきん》の例《れい》を挙《あ》げますならば、金沢市《かなざわし》の生長《せいちょう》の家誌友相愛会《いえしゆうそうあいかい》の北島是隆氏《きたじまこれたかし》は、同氏《どうし》に私が穏田《おんでん》の自宅《じたく》で会《あ》った時《とき》には七分通《ぶどお》り白い頭髪《とうはつ》をしていられましたが、翌年《よくねん》六月《がつ》私が赤坂《あかさか》の生長《せいちょう》の家本部講堂《いえほんぶこうどう》で会いました時にはまるで白髪染《しらがぞめ》で染《そ》めたような真黒《まっくろ》な頭髪《とうはつ》をしていられました。そしていわれるには「これは決《けっ》して白髪染《しらがぞめ》で染めたのではありません。第《だい》二回講習《かいこうしゅう》に列《れっ》して先生《せんせい》の御講義《ごこうぎ》を聴《き》きながら、先生の頭髪に一本《ぽん》も白髪《しらが》がなくて黒々《くろぐろ》しているのを見て、私も先生と同じく神の子であるから、ああいうふうに艶々《つやつや》した黒い髪の毛が生《は》えているのが実相《ほんとう》である、こんな白髪《しらが》はあるように見えても仮相《うそ》であると心に強く思いました。そうしたら不思議《ふしぎ》なことに、しばらくのうちにこんなに黒々とした髪の毛になりました」といわれました。北島《きたじま》さんは今迄《いままで》は年《とし》が寄《よ》ったら頭髪は白くなるのが当《あた》り前《まえ》だと思っていられたのですが、今度《こんど》は人間《にんげん》の頭髪は黒いのが当《あた》り前《まえ》だと悟《さと》った為《ため》に、その「心の影《かげ》」として頭髪が黒くなってしまったのです。これが「悟《さとり》」の肉体《にくたい》に及《およ》ぼす影響《えいきょう》であります。ちょっとそう思った位《くらい》では白《しら》

誌友相愛会　全国各地に設けられた信徒の集まり

穏田　著者が昭和九年に神戸より東京に移転した地名。現在の東京都渋谷区神宮前。当初は自宅が本部を兼ね、誌友会が開催されていた

赤坂の生長の家本部　昭和十年に当時の赤坂檜町にあった山脇高等女学校の旧校舎を本部とした。昭和二十九年に原宿に移った

髪《が》は黒髪《くろかみ》にならないかも知れない。それは私の講習《こうしゅう》を受けられている間《あいだ》に私の言葉の力《ちから》が北島さんの老衰《ろうすい》した心的内容《しんてきないよう》を血気旺《けっきさかん》な心的内容に変えてしまったのであります。

また横浜市《よこはまし》神奈川《かながわ》区《く》子安《こやす》一四一二番《ばん》の家名田《やなだ》二郎《じろう》さんは『生命《せいめい》の實相《じっそう》』の「蓄膿症《ちくのうしょう》は素直《すなお》でない心から起《おこ》る」という項《ところ》を読んで、今迄《いままで》親《おや》に反抗心《はんこうしん》を持っていたので悪かった、と気がついたときに、数年来《すうねんらい》詰《つま》っていた蓄膿症の鼻《はな》が一方《いっぽう》だけスッと故障《こしょう》がなくなって空気《くうき》が完全《かんぜん》に流通《りゅうつう》するようになった。それから私にお礼《れい》がいいたくなって本部講堂《ほんぶこうどう》へやって来《こ》られて私の顔《かお》を見ると同時《どうじ》に、もう一方《いっぽう》の詰《つま》っていた鼻がスーッと通《とお》って両方《りょうほう》とも完全《かんぜん》に治《なお》ってしまったといって昭和《しょうわ》十一年《ねん》七月《がつ》十五日《にち》に私の聖典講義《せいてんこうぎ》のあとで突然《とつぜん》御礼《おれい》を申《もう》されたのであります。これは何《なに》も私の顔が蓄膿症の薬《くすり》になったわけではない、私の本を読んだり講義《こうぎ》を聴《き》いたりしているうちに本人《ほんにん》の心が素直に上《うえ》から下《した》へ、上の者《もの》の命令《めいれい》が素直にスーッと下《した》の方《ほう》へ通るようになったの

蓄膿症　慢性の副鼻腔炎。頭が重い、頭痛、鼻づまり、記憶力減退などの症状を呈する

であります。こういうように肉体《にくたい》は心の影《かげ》でありまして、深く心に印象《いんしょう》した念《おもい》の通《とお》りに肉体が変化《へんか》するのであります。「健全《けんぜん》なる精神《せいしん》は健全なる肉体に宿《やど》る」と申《もう》しますが、尚一層《なおいっそう》それよりも真実《しんじつ》なのは「健全なる肉体は健全なる精神の反映《はんえい》である」ということであります。概《がい》して健全なる肉体を反映するところの健全なる精神は、

自覚《さとり》の心

一、平和《へいわ》の心
二、明るい心
三、悦《よろこ》びの心
四、深切《しんせつ》の心
五、有難《ありがた》い心
六、無我《むが》の心
七、自在《じざい》の心

でありまして、その反対《はんたい》の

迷《まよい》の心

一、不安《ふあん》、焦躁《しょうそう》、恐怖《きょうふ》の心
二、暗い心、陰鬱《いんうつ》な心
三、不平《ふへい》、不満足《ふまんぞく》の心
四、冷淡《れいたん》な心
五、忘恩的《ぼうおんてき》な心
六、利己的《りこてき》な心、嫉妬《しっと》、猜疑《さいぎ》、羨望《せんぼう》
七、一事物《じぶつ》に引っかかる心

などは病気《びょうき》を起《おこ》す心であり、その症状《しょうじょう》も心の状態相応《じょうたいそうおう》の形《かたち》をもって現《あらわ》れるのであります。細《こま》かく分類《ぶんるい》すれば、病気の数《すう》だけ「迷《まよい》の心」もあるわけですが、それを一《ひと》つに纏《まと》めると、「迷《まよい》の心」とは「我執《がしゅう》の心」であります。我《が》執《しゅう》があるから、一事物に引っかかり、不安、焦躁、恐怖、憂鬱《ゆううつ》、不平、不満足、冷淡、忘恩《ぼうおん》、嫉妬《しっと》、猜疑《さいぎ》、羨望《せんぼう》などが起《おこ》って来《く》るのであります。

我執《がしゅう》がなくなりまして、「天地《てんち》と共《とも》に過《す》ぎ往《ゆ》かん」というような広々《ひろびろ》した

焦躁　あせって落ち着かないこと。焦燥
陰鬱　気持ちがふさいで晴れ晴れしないこと

忘恩　受けた恩を忘れること。恩知らず
猜疑　他人の行為や言動を素直に受け取らずに、疑いやねたみをもつこと
羨望　うらやましいと思うこと

我執　自分の考えや判断にとらわれて離れられないこと

心になりますと、人間《にんげん》として何《なに》も考えないから、事業《じぎょう》などのことも出放題《でほうだい》、まかせ放題《ほうだい》になってしまって、何《なに》もしなくなるかと申《もう》しますと、そうではありません。そういう状態《じょうたい》になるのを「空執《くうしゅう》」と申しまして、まだ「我執《がしゅう》」があるために、その「我《が》」が「何《なに》もしないでも好《よ》い」ということに引っかかるのであります。この「何《なに》もしないでも好《よ》い」ということに引っかかる「我《が》」さえも無《な》くしてしまったときに天地《てんち》の生命《せいめい》と共《とも》に自由自在《じゆうじざい》に活動《かつどう》するところの本当《ほんとう》の我《われ》(大我《たいが》)を見出《みいだ》すのであります。

そういう「空執《くうしゅう》」にも陥《おちい》らない自由自在融通無礙《ゆうずうむげ》の境地《きょうち》に達《たっ》したならば、すべての迷《まよい》の心は消えてしまうのですけれども、それまでは、前記《ぜんき》の七種《しゅ》の「迷《まよい》の心」をなるべく起《おこ》さないように努《つと》め、七種の「自覚《さとり》の心」を保《たも》つようにしなければならないのであります。

吾々《われわれ》の心の状態は肉体《にくたい》にのみ反映《はんえい》するのであって、事業やら運命《うんめい》には反映しないと思っていると間違《まちがい》であります。多くの商店会社《しょうてんかいしゃ》の不繁昌《ふはんじょう》の原因《げんいん》

融通無礙　何ものにもとらわれずに自由自在であること

は従業員《じゅうぎょういん》の心の不調和《ふちょうわ》であります。内部《ないぶ》に立働《たちはたら》く人《ひと》の心が不調和になって来《き》ますと、繁栄《はんえい》の雰囲気《ふんいき》は逃《のが》れ去《さ》り、繁栄の雰囲気が逃《のが》れ去《さ》れば、註文《ちゅうもん》は激減《げきげん》し、外部《がいぶ》の註文が激減すれば不安《ふあん》は募《つの》り、内部の不安が募れば外部の註文は更《さら》に激減し、その商社《しょうしゃ》の没落《ぼつらく》に拍車《はくしゃ》を掛《か》けることになるのであります。

かかる場合《ばあい》、毅然《きぜん》として起《た》って、全従業員《ぜんじゅうぎょういん》の不安、焦躁《しょうそう》、恐怖《きょうふ》の心を去《さ》り得《う》るところの偉大《いだい》なる首脳者《しゅのうしゃ》が顕《あらわ》れ、事業《じぎょう》をして従事《じゅうじ》せる全員《ぜんいん》に平和《へいわ》と明朗《めいろう》と前途《ぜんと》の楽観《らっかん》を与《あた》え得《う》る場合には、没落せんとしたその商社も運命《うんめい》を恢《かい》復《ふく》することが出来《でき》るのであります。この時《とき》、事業の首脳者にして、商勢《しょうせい》を挽回《ばんかい》せんとて憂《うれ》い悲《かな》しみ、従業員の欠点《けってん》のみを見《み》、その欠点を直《なお》そうとして短気《たんき》と焦躁《しょうそう》とに駆《か》られる時には、頽勢《たいせい》は却《かえ》って挽回するに由《よし》なく、股肱《ここう》と頼《たの》む忠実《ちゅうじつ》なる人達《ひとたち》は彼《かれ》を見捨《みす》て去《さ》り、有為《ゆうい》の雇員《こいん》は背《そむ》き去《さ》り、顧客《こきゃく》は続かず、終《つい》にさしもの繁栄を誇《ほこ》った商社も没落してしまうのであります。

毅然　動揺せず断乎としたさま
首脳者　集団や組織の中心となる人
頽勢　勢いが衰えて運が傾くさま
由なし　手立てがない
股肱　手足となって働く、最も頼りになる家来や部下。腹心
有為　才能があり将来の見込みがあること
さしもの　さすがの

これは現象《げんしょう》に捉《とら》われて、一時《いちじ》の暗黒《あんこく》を実在《じつざい》だと思い、心に強く欠点《けってん》と暗黒とを描《えが》いた結果《けっか》であります。欠点と暗黒とはあるように見えても本来《ほんらい》ないものでありますから、心に描《えが》かずに捨《す》て置《お》けば消えるのであります。美点《びてん》と光明《こうみょう》とはないように見えても本来実在なのですから、心が執《とら》われなくなったときその本来のある姿《すがた》があらわれて来《く》るのであります。だから生長《せいちょう》の家《いえ》家族《かぞく》の祈願《きがん》には自他《じた》の悪《あく》を云為《うんい》する時間《じかん》があるならば、神を想《おも》い、完全《かんぜん》を想い、自己《じこ》の新生《しんせい》と生長とを努《つと》めようではないかと書いてあるのであります。

商売《しょうばい》の衰頽《すいたい》も肉体《にくたい》の病気《びょうき》も「不調和《ふちょうわ》の心」の顕《あらわ》れですから、「不調和の心」に「不調和の心」を追加《ついか》しているようなことでは、それを回復《かいふく》することは出来《でき》ないのであります。不安《ふあん》、焦躁《しょうそう》、恐怖《きょうふ》で平和《へいわ》を失っている状態《じょうたい》に、更《さら》に憤怒《ふんぬ》と憎《にく》みと欠点暴露《ばくろ》をもってするのは、火を消さんとして火に油《あぶら》を注《そそ》ぐようなものであります。七《なな》つの「迷《まよい》の心」が起《おこ》って来《き》たときには、七つの「自覚《さとり》の心」で相対《あいたい》すべきであります。

不安《ふあん》、焦躁《しょうそう》、恐怖《きょうふ》が起《お》こって来《き》たときには、不安に思うまい、イライラすまい、焦《あせ》るまい、恐《おそ》れるまいと思ってそれを抑圧《よくあつ》しても大抵駄目《たいていだめ》であります。不安に思うまいと努《つと》めれば努めるほど不安になり、焦るまいと思えば思うほど焦り出し、恐れまいと恐怖を抑《おさ》えれば恐怖し出すのが吾々《われわれ》の心であります。それは「不安を……」と思ったときに既《すで》に吾々《われわれ》は「不安」を心に描《えが》きますから、心に描いたものが強く現《あらわ》れるのが心の法則《ほうそく》でありますから、「不安を……抑《おさ》えよう」と思ったのでは不安は決して無《な》くならないのであります。「不安」を無《な》くするには、「不安を……」とすらも考えないで、全然《ぜんぜん》別《べつ》なる完全《かんぜん》なる状態《じょうたい》に心を集中《しゅうちゅう》しなければならないのであります。すなわち、この時《とき》こそ吾《われ》らは、「神を想《おも》い、完全を想い」心を旧我《きゅうが》から一転《いってん》せしめて、「神と一《ひと》つなる自分《じぶん》」を新しく発見《はっけん》するように努めなければならないのであります。その方法《ほうほう》の一つとしては、神想観《しんそうかん》を行《おこな》うに当《あた》って招神歌《かみよびうた》を誦《とな》え終《おわ》ると次《つぎ》のように念《ねん》ずるのがよろしい。

神想観　著者が啓示によって得た坐禅に似た観法。本全集第十四、十五巻「観行篇　神想観実修本義」参照

「自分《じぶん》は神の子であるから、本来《ほんらい》神と波長《はちょう》の合った心の波動《はどう》をもっているのである。神と波長の合った心の波動をもっている自分はただ神の大調和《だいちょうわ》の念波《ねんぱ》を受けるだけであって如何《いか》なる不調和《ふちょうわ》の念波《ねんぱ》をも受けることはないのである。我《わ》れは神の子であり、我《わ》が環境《かんきょう》は我《わ》が心の影《かげ》であるから、我《わ》が環境は今現実《いまげんじつ》に大調和であり、神の無限《むげん》の智慧《ちえ》と愛と生命《せいめい》と供給《きょうきゅう》とが満《み》ちているのである。」

この光明思念《こうみょうしねん》を繰返《くりかえ》しつつ精神統一状態《せいしんとういつじょうたい》に入《い》り、一切《いっさい》の悪《あく》を思わず、今現実に大調和の世界《せかい》がここに展開《てんかい》しているという大信念《だいしんねん》に到達《とうたつ》してその神想《しんそう》観《かん》を終《おわ》り、神想観後《しんそうかんご》の日常生活《にちじょうせいかつ》も出来《でき》る限《かぎ》り明朗《めいろう》なる心境《しんきょう》を持続《じぞく》するように努《つと》めれば、現実の苦難《くなん》の状態《じょうたい》は克服《こくふく》され実相世界《じっそうせかい》の完全《かんぜん》なる状態が次第《しだい》に現実生活《げんじつせいかつ》にまで再現《さいげん》してくるのであります。

八　神と偕《とも》に無畏無憂《むいむゆう》の生活《せいかつ》を送れ

八、吾《われ》らは常《つね》に無限力《むげんりょく》と偕《とも》に生《い》くることを信じ、神に背《そむ》く事《こと》のほか、何《なに》ものをも恐《おそ》れず、取越《とりこ》し苦労《くろう》をせざらんことを期《き》す。

吾《われ》らの心の明朗《めいろう》の極点《きょくてん》は「神の無限力」と一体《いったい》で生きているという自覚《じかく》であります。他《た》の色々《いろいろ》の方法《ほうほう》によって心の明朗さを得《え》ようとも、それは大抵《たいてい》一時的《いちじてき》の明朗さであります。又次《またつぎ》なる重大《じゅうだい》なる事件《じけん》が起《おこ》って来《く》ると共《とも》に、その明朗さは破壊《はかい》せられずにはいないのであります。どんな重大なる事件が起《おこ》って来《こ》ようとも、我《わ》が味方《みかた》は「神」であり「神」がその事件を我《われ》らの真《しん》の幸福《こうふく》にまで導《みちび》き給《たま》うものであるとの自覚さえありさえすれば、吾々《われわれ》はその重大なる事件を静かに支配《しはい》することが出来《でき》るのであります。かかる重大事《じゅうだいじ》の

頭注版㉘三一頁

無畏　動じることなく、おそれないさま

無憂　悪い事態を心配することがないさま

極点　到達できる最終的な所。最も高まったところ

起《おこ》っている時《とき》に際《さい》して、最《もっと》も恐《おそ》るべきは「重大《じゅうだい》なる事件《じけん》」そのものではなく、重大なる事件に驚愕《きょうがく》し周章狼狽《しゅうしょうろうばい》して「神吾《わ》れと偕《とも》に在《あ》り」との自覚《じかく》を失ってしまうことであります。この自覚さえあれば「重大事《じゅうだいじ》」はいつの間《ま》にか方向転換《ほうこうてんかん》して幸福《こうふく》の曙光《しょこう》が見《み》え初《はじ》めます。しかし「神と偕《とも》なる」自覚を失ってしまったが最後《さいご》、事件は層一層《そういっそう》危険《きけん》の度《ど》を加え、その人《ひと》は加速度《かそくど》を以《もっ》て危殆《きたい》の世界《せかい》に押《お》しやられて行《ゆ》くのであります。

ですから、吾々《われわれ》は何事《なにごと》が起《おこ》ろうとも事件そのものは恐《おそろ》しくない。どんな成《せい》功者《こうしゃ》といえども、必《かなら》ずや幾度《いくど》も失敗《しっぱい》と見える経験《けいけん》を繰返《くりかえ》したのです。しかし彼《かれ》が成功《せいこう》したのは普通《ふつう》ならば「失敗」として悲観《ひかん》し退嬰《たいえい》してしまうような時《とき》にも、それを「失敗」とは見ないでその「失敗」を次《つぎ》なる成功の足場《あしば》としたのであります。ヘンリー・フォードはいっています。「自分《じぶん》はいまだかつて事業《じぎょう》に一度《ど》も失敗したことはない。吾等《われら》の事業は喩《たと》えば化学《かがく》の実験《じっけん》のようなものである。予定《よてい》の結果《けっか》が出《で》て来《く》る時《とき》も、また別《べつ》の結果が出て来る時も、

周章狼狽　あわてふためくさま

曙光　夜明けの光。転じて明るいきざし

層一層　「一層」を強めて言う語。一段と。さらに

危殆　非常にあぶないこと

退嬰　しりごみすること

共《とも》に化学《かがく》の実験《じっけん》としては成果《せいか》を収《おさ》めているのである」と。全《まった》く常住《じょうじゅう》「楽観《らっかん》病《びょう》」と評《ひょう》さるるヘンリー・フォードがいいそうなことであります。この常住「楽観病」こそ事業《じぎょう》を成功《せいこう》にまで導《みちび》き来《きた》す大原動力《だいげんどうりょく》であって、その背後《はいご》には「神と一体《いったい》」の自覚《じかく》があって可能《かのう》なのであります。

取越苦労病患者《とりこしくろうびょうかんじゃ》は、常住楽観者《じょうじゅうらっかんしゃ》の反対《はんたい》であります。常住楽観者は失敗《しっぱい》の中《なか》にでも成功を見て心を明るくするに反《はん》して、取越苦労病患者《とりこしくろうびょうかんじゃ》は成功の中《なか》にでも失敗を見るのであります。こんな人《ひと》は幸福《こうふく》の真最中《まっさいちゅう》にいてすらも、「こんなに幸福であったら勿体《もったい》ない」とか、「幸福が続けば必《かなら》ず不幸《ふこう》が来《く》るのだ」とか、「悪《あく》」を心に描《えが》いて恐怖《きょうふ》します。そして実際《じっさい》不幸が来《く》ればいよいよ益々《ますます》恐怖し、悲観《ひかん》し、周章狼狽《しゅうしょうろうばい》して手を束《つか》ねて策《さく》の施《ほどこ》すところを知らないのであります。

およそこのような取越苦労《とりこしくろう》、不安、恐怖は精神力《せいしんりょく》の逆用《ぎゃくよう》でありますから、精神《せいしん》エネルギーを消耗《しょうこう》すること夥《おびただ》しく、明るい希望《きぼう》に満ちた心で考え

手を束ねる 何も手出しをしないで見ているさま

消耗 体力や気力が使い果たされたさま。「しょうもう」とも読む

夥しい 数量がとても多い。程度がひどい

れば疲労《ひろう》もせずに名案《めいあん》が浮《う》ぶものを、徒《いたず》らに憂苦《ゆうく》し懊悩《おうのう》するために、頭脳《ずのう》は疲労《ひろう》し、よき考えは逃《に》げてしまい、時局《じきょく》を好転《こうてん》するに必要《ひつよう》なる縦横《じゅうおう》な機略《きりゃく》は姿《すがた》を潜《ひそ》めて出《で》て来《こ》なくなるのであります。

　取越苦労《とりこしくろう》や心配《しんぱい》が心の底《そこ》から湧《わ》き起《おこ》るときには、ただちに心を一転《いってん》して「吾《わ》れ神の子である、吾《わ》れ神と偕《とも》に生《い》く、吾《わ》れ神と偕《とも》に歩む、吾《わ》が砦《とりで》は神であるから恐《おそ》るるところのものはない」と断々乎《だんだんこ》として心の中《なか》に唱《とな》えて自分自《じぶんじ》身《しん》にいって聞かすようにする習慣《しゅうかん》をつけるが好《よ》い。またヘンリー・フォードが考えたように、人生《じんせい》の体験《たいけん》はどんな体験でも失敗《しっぱい》はない、どんな体験も次なる成功《せいこう》に達《たっ》する一階段《かいだん》であると喜《よろこ》び勇《いさ》んで、その現在《げんざい》の地点《ちてん》を足場《あしば》として明朗《めいろう》な心境《しんきょう》で新《あら》たに出発《しゅっぱつ》するものは必《かなら》ず最後《さいご》に成功《せいこう》するのであります。柔道《じゅうどう》という武術《ぶじゅつ》は自分《じぶん》の不利《ふり》の地点《ちてん》をそのまま自分の利用《りよう》すべき足場として相手《あいて》を投げるのです。即《すなわ》ち向《むこ》うから衝《つ》いてくるとか、引《ひ》っ張《ぱ》り込《こ》むとかしてくる。衝《つ》かれるとか、引かれるとかいう事《こと》は自分が重心《じゅうしん》を失う危殆《きたい》の時《とき》

憂苦　悲しみや心配で苦しむこと

懊悩　心の奥で悩みもだえること

縦横な機略　その場に応じて自由自在にはかりごとをめぐらすこと。機略縦横

断々乎　「断乎」を強めた言葉

なのです。それをそのまま利用《りよう》して引っぱられれば敵《てき》の懐《ふところ》に飛《と》び込《こ》み、突《つ》かれればその力《ちから》を利用して敵の姿勢《しせい》を引《ひ》き落《おと》す。柔道《じゅうどう》の仕合《しあい》には、相手《あいて》が技《わざ》をかけてくれる時《とき》が勝利《しょうり》の好機会《こうきかい》なのであります。吾々《われわれ》の事業《じぎょう》に於《お》いても運命《うんめい》が吾々《われわれ》を危殆《きたい》に引摺《ひきず》り込《こ》もうとする時こそ、その運命の懐《ふところ》に飛込《とびこ》んでその「不幸《ふこう》」に背負投《せおいな》げを食《くら》わすべき好機《こうき》なのであります。逆運《ぎゃくうん》を幸運《こううん》の足場《あしば》になし得《う》る人《ひと》にして初《はじ》めて人生《じんせい》の常勝者《じょうしょうしゃ》なることが出来《でき》るのであります。

仕合　試合に同じ

九　躓《つまず》く刹那《せつな》に光明《こうみょう》に転向《てんこう》せよ

九、吾《われ》らはたとい躓《つまず》くことありとも渋面《じゅうめん》せず、その瞬間《しゅんかん》起《お》き上《あが》りて光明に面《めん》せんことを期《き》す。

頭注版㉘三四頁

刹那　瞬間

渋面　不愉快そうな顔つき。しかめつら

人生《じんせい》にはいろいろの事《こと》が起《おこ》って来《き》ます。それは無限創造《むげんそうぞう》の世界《せかい》であるからであります。吾々《われわれ》が自分《じぶん》だけの小さき立場《たちば》から、かくあれかしと祈《いの》っても、事件《じけん》は自分の欲《ほっ》する通《とお》りに展開《てんかい》しないことがあります。しかしそれは神が諾《き》き給《たま》わないのだろうか。否々《いないな》々、この時《とき》こそ神が吾《われ》らに一層大《いっそうだい》なる生長《せいちょう》を遂《と》げしめんために吾々《われわれ》の内部《ないぶ》より無限《むげん》の力《ちから》を引出《ひきだ》さんとしてその動機《どうき》を与え給《たま》うているのであります。

あまりに裕福《ゆうふく》な家庭《かてい》に生《うま》れ、欲《ほ》しいものは全《すべ》て親《おや》より与えられ、何《なん》の労苦《ろうく》なくして一切《いっさい》の必要品《ひつようひん》が贅沢《ぜいたく》に揃《そろ》えられるというような家庭《かてい》に育《そだ》った子女達《しじょたち》は一面《めん》に於《お》いては誠《まこと》に不幸《ふこう》な人達《ひとたち》であります。何故《なぜ》なら、そういう人達は、すべての善《よ》き物《もの》は悉《ことごと》く外《そと》からのみ与えられて、自分自身《じぶんじしん》の内部《ないぶ》から生《う》み出《だ》す機会《きかい》を恵《めぐ》まれないからです。本当《ほんとう》の幸福《こうふく》というものは、自分の内《うち》にあるところの善《よ》きものを生《う》み出《いだ》すことにあるのです。他《ひと》から与えられた幸福は他《ひと》が立派《りっぱ》な着物《きもの》を着ているのと同じであって、自分自身の立派さでないのです。

かくあれかし　こうであってほしい

自分自身《じぶんじしん》が立派《りっぱ》になることのほかに自分《じぶん》が幸福《こうふく》になる道《みち》はないのです。自分自身に力《ちから》がつくよりほかに自分の強くなる道はないのです。

かかる意味《いみ》に於《お》いて逆 境《ぎゃっきょう》は吾々《われわれ》を鍛《きた》えて、吾々《われわれ》の中味《なかみ》の善《よ》さを出してくれる冶金《やきん》の坩堝《るつぼ》なのです。坩堝《るつぼ》の中《なか》へ投げ入れられて、吾々《われわれ》は鉛《なまり》か金《きん》か、鍍金《めっき》か本物《ほんもの》かがわかるのです。吾々《われわれ》は好んで逆境を招《よ》ぶのではありませんが、逆境が如何《いか》に吾々《われわれ》を捉《とら》えようとも、それは吾々《われわれ》を一層《いっそう》聖化《せいか》し強化《きょうか》するところの機会《きかい》だとして、内《うち》より奮迅《ふんじん》の力《ちから》を揮《ふる》い起《おこ》すものはついに大成《たいせい》して逆《ぎゃく》運《うん》を脚下《きゃっか》に蹂躙《ふみにじ》ることが出来《でき》るのであります。

されば逆境の来《きた》る毎《ごと》に莞爾《かんじ》として微笑《びしょう》せよ。これが「生長《せいちょう》の家《いえ》」の生活《せいかつ》であります。微笑は心の中《なか》に光明《こうみょう》を点《てん》じて一切《いっさい》の苦難《くなん》を耐《た》え易《やす》からしめ、失《うしな》われたる希望《きぼう》を喚《よ》び起《おこ》し、再起《さいき》の勇気《ゆうき》を奮《ふる》い立《た》たし、暗黒《あんこく》なる生活を光《こう》明《みょう》に転向《てんこう》せしむるのであります。キリストは「死にし者《もの》に死にし者を葬《ほうむ》らせよ」といっています。既《すで》に来《きた》れる逆運を嘆《なげ》いたとて何《なん》になりましょう。既《すで》に

坩堝　金属やガラスなどを入れ、高温にしてとかす容器

鍍金　金や銀など他の金属の薄い膜で覆う加工

聖化　神聖なものとなること

奮迅　勢い激しくふるいたつこと

莞爾　にっこりと笑うさま

「死にし者に…」『新約聖書』「マタイ伝」第八章、「ルカ伝」第九章にあるキリストの言葉

来《きた》り終《おわ》れるものは「既《すで》に死せる者《もの》」なのです。「既《すで》に死せる者」について嘆《なげ》いてみたとて何《なん》になりましょう。既《すで》に来《きた》り終《おわ》れるものを嘆《なげ》き悲しむ暇《いとま》あらば、莞爾《かんじ》として新しき幸福《こうふく》に突進《とっしん》すべきであります。光明《こうみょう》に満《み》てる微笑《びしょう》こそは吾《われ》らによき運命《うんめい》の微笑《ほほえみ》を招《よ》ぶのです。我《わ》れ渋面《じゅうめん》すれば運命も渋面するのです。

「嬉《うれ》しいぞ、これから運命が開《ひら》けるのだ。」苦難《くなん》に捉《とら》われず、難関《なんかん》の来《きた》る毎《ごと》に、莞爾《かんじ》として微笑《びしょう》しつつ奮迅《ふんじん》の勇気《ゆうき》を奮《ふる》い起《おこ》すものこそ生長《せいちょう》の家《いえ》の生活《せいかつ》であって、必ず如何《いか》なる難関《なんかん》をも征服《せいふく》して自己自身《じこじしん》の力《ちから》で幸福なる運命を建《けん》設《せつ》することが出来《でき》るのであります。

十　隣人《りんじん》を光明生活《こうみょうせいかつ》に生《い》かせ

十、吾《われ》らは出来る限《かぎ》り悩《なや》める隣人を扶《たす》けてその暗黒《あんこく》なる生活を光明に転向《てんこう》せん

頭注版㉘三六頁

ことを期《き》す。

人間《にんげん》は自己《じこ》が幸運《こううん》を築《きず》き上《あ》げたばかりで満足《まんぞく》すべきでありません。自己が幸福《こうふく》になったならばこの幸福を人《ひと》に及《およ》ぼさなければなりません。吾《われ》らは肉体《にくたい》的《てき》には周囲《しゅうい》の人とは何《なん》の関係《かんけい》もない一個《こ》の孤立《こりつ》した存在《そんざい》のように見えていますけれども、その実《じつ》、吾《われ》らは悉《ことごと》く一体《いったい》なのでありますから、周囲の人が本《ほん》当《とう》に幸福にならない限《かぎ》りは、自分《じぶん》一個人《こじん》も本当には幸福にならないのであります。単《たん》に病気《びょうき》の問題《もんだい》のみからいってみましても、良人《おっと》の病気が妻《つま》の心の反《はん》映《えい》から来《き》ている場合《ばあい》はザラにあります。妻の病気が良人《おっと》の心の反映から来ている場合も度々《たびたび》あります。子供《こども》の病気が親《おや》の心の反映で起《おこ》っている場合も度々《たびたび》あります。更《さら》に祖先《そせん》の霊魂《れいこん》の霊界《れいかい》での悩《なや》みが現実《げんじつ》の世界《せかい》の子供に不幸《ふこう》や病気を起《おこ》していて、祖霊《それい》に対《たい》して『生命《せいめい》の實相《じっそう》』の一節《せつ》を読んで聞かせるだけで子孫《しそん》の病気が消えたり、運命《うんめい》が好転《こうてん》したりして来《く》る場合が度々《たびたび》ありま

祖霊 先祖の霊。三十三回忌などの年忌を終えて先祖の霊一般として祀られた霊

す。そのほか他人《たにん》の嫉視憎悪反感《しっしぞうおはんかん》が吾《われ》らに不幸《ふこう》を齎《もたら》し、それが解消《かいしょう》することによって不幸が消えてなくなることもあります。このように吾々《われわれ》の肉体《にくたい》としては離《はな》ればなれのように見えても、心の世界《せかい》では一《ひと》つでありますから、自《じ》分自身《ぶんじしん》が本当《ほんとう》に幸福《こうふく》であるためには、推《お》し及《およ》ぼして周囲《しゅうい》の隣人《りんじん》をも幸福にしてあげなければならないのであります。或《あ》る場合《ばあい》には物質《ぶっしつ》で扶《たす》けてあげることもよろしい。しかし物質で扶《たす》けることは一時的《いちじてき》の救助《きゅうじょ》になっても永遠《えいえん》の救《すく》いとはならないことが多いのです。物質で扶《たす》けてもらう習慣性《しゅうかんせい》がつきますと、その人《ひと》の他《ひと》に頼《たよ》る依頼心《いらいしん》が増大《ぞうだい》し、却《かえ》ってその人の永久《えいきゅう》の救いとならないことが多いものです。ですから隣人を救うには、心に光明《こうみょう》を点《てん》ずる方法《ほうほう》を教《おし》えてあげる方《ほう》が一層《いっそう》よろしいのであります。

といって、全然《ぜんぜん》「物質」で隣人を扶《たす》けるのが悪いというわけではありません。「物質」で人を扶《たす》けて好《よ》い場合は、それは長途《ちょうと》の坂道《さかみち》を重荷《おもに》の車を曳《ひ》いて疲労《ひろう》し切《き》り、もうそれ以上《いじょう》は一歩《ぽ》も車を曳《ひ》いて上《あが》る力《ちから》もないし、といって

嫉視　ねたましく思って見ること

推し及ぼす　さらに範囲を広げて考えること

力《ちから》を一歩緩《ぽゆる》めたら車が逆転《ぎゃくてん》してその人《ひと》が機《はずみ》を喰《くら》って真逆様《まっさかさま》に谷底《たにそこ》へ墜落《ついらく》しそうな場合《ばあい》です。こういう時《とき》には一時《じ》、重荷《おもに》を肩代《かたがわ》りして曳《ひ》いてやるのが、その人の内《うち》からの力を喚《よ》び出《だ》すことになりましょう。しかしその肩代《かたがわ》りは暫《ざん》時《じ》でなくてはいけません。常《つね》に肩代《かたがわ》りして重荷を別《べつ》の人が曳《ひ》いてやりますと、本人《ほんにん》の筋肉《きんにく》は衰《おとろ》え、自助《じじょ》の勇気《ゆうき》は減《げん》じ、依頼心《いらいしん》は増長《ぞうちょう》し、相手《あいて》を扶《たす》けようとして相手を弱めることになるのです。これは病気《びょうき》の時に物質薬《ぶっしつやく》で扶《たす》けるのも同じことです。本人の体力《たいりょく》が疲労困憊《ひろうこんぱい》、自《みずか》ら栄養《えいよう》を消化吸収《しょうかきゅうしゅう》する力なき或《あ》る時期《じき》に、消化剤《しょうかざい》や栄養注射《えいようちゅうしゃ》やリンゲル注射が効《こう》を奏《そう》することもありましょう。それは長途《ちょうと》の坂道《さかみち》で疲《つか》れて転落《てんらく》しようとする人の重荷を代《かわ》って担《にな》ってやるのも同じことです。しばらく他者《ひと》に重荷を肩代《かたがわ》りしてもらっている間《あいだ》に、その人が活力《かつりょく》を恢復《かいふく》する――その時再《ふたた》び重荷をみずから担《にな》うように、生命《せいめい》をみずから生きるように、重荷を本人の肩《かた》へもどすことが必要《ひつよう》なのです。医者《いしゃ》が薬《くすり》を用《もち》うるのも、人生《じんせい》の行路《こうろ》に物質《ぶっしつ》で助けてあげるのも、よく

暫時　しばらくの間

自助　他人の助けに頼らずに自分の力で成し遂げること

増長　しだいにはなはだしくなること

疲労困憊　ひどく疲れて苦しむこと

リンゲル注射　大量出血した時などに体液の代用としてリンゲル氏液を体内に注入すること

相手《あいて》を観察《かんさつ》してこの心遣《こころづか》いが必要《ひつよう》なのです。いつも物質《ぶっしつ》を与えるばかりで人《ひと》を助けるのは、年中《ねんじゅう》消化剤《しょうかざい》を与えて胃腸《いちょう》を丈夫《じょうぶ》にしようとするのと同じことです。そんなことをすれば本人自身《ほんにんじしん》の消化液《しょうかえき》の分泌量《ぶんぴつりょう》は減《へ》ってしまうと同じように本人自身の自活能力《じかつのうりょく》は減ってしまうのです。これでは人を助けたことにならないのです。本当《ほんとう》に助けることは本人自身の力《ちから》を強め、価値《かち》を高め、その人格《じんかく》を向上《こうじょう》さし、神の子そのままの自主的完全《じしゅてきかんぜん》さにまで生長《せいちょう》せしめてあげることでなくてはなりません。

このように他《ひと》を救《すく》うということは、金《かね》のある人がただ金《かね》のみをダラシなく遣《や》ってさえおけばそれで好《よ》いというような簡単《かんたん》なものではありません。それには深切《しんせつ》なる心遣《こころづかい》というものが必要なのです。ただの機会《チャンス》が儲《もう》けさせてくれた金《かね》を何《なん》の思慮《しりょ》もなく振《ふ》り撒《ま》いて歩くのが他《ひと》を助けることでありますならば、そんな人助《ひとだす》けは自分自身《じぶんじしん》を富《と》ませることは出来《でき》ません。それは唯《ただ》の「ダラシ無《な》さ」です。「ダラシ無《な》さ」は自分《じぶん》の知恵《ちえ》の貧《まず》しさ意思《いし》の弱さの現《あらわ》れでしかありません。そんなことでは自分自身《じぶんじしん》は生長《せいちょう》しないのです。何事《なにごと》にでも賢《かしこ》き思慮《しりょ》が必要《ひつよう》です。

「物質《ぶっしつ》では短期間《たんきかん》扶《たす》けよ。温《あたた》かい愛では常《つね》に助けよ」とは生長《せいちょう》の家《いえ》の標語《ひょうご》であります。温かい愛はいくら常《つね》に与えても与《あた》え過《す》ぎるということはありません。明るい希望《きぼう》に満《み》ちた深切《しんせつ》な言葉、優《やさ》しい眼光《まなざし》、愛情《あいじょう》のこもった手《て》紙《がみ》、好意《こうい》に満《み》ちた握手《あくしゅ》、愛嬌《あいきょう》ある微笑《びしょう》、「何《なに》、大丈夫《だいじょうぶ》だよ」という激励《げきれい》、「愛する兄弟姉妹《きょうだいしまい》！」と呼《よ》びかわす言葉――これこそ永久《えいきゅう》に癖《くせ》にならない魂《たましい》の強壮剤《きょうそうざい》であります。かかる光明《こうみょう》を降《ふ》らすような交《まじ》わりこそ生命《せいめい》の泉《いずみ》であります。その生命《せいめい》の泉に触《ふ》れるとき吾々《われわれ》の衰《おとろ》えたる活力《かつりょく》は蘇生《よみがえ》るのです。これは、外《そと》のものに頼《たよ》るところの依頼心《いらいしん》の増長《ぞうちょう》ではありません。吾々《われわれ》の愛が、相手《あいて》の内《うち》に埋蔵《かく》されていた無限《むげん》の力《ちから》を喚《よ》び起《おこ》すのです。これこそ本《ほん》当《とう》に隣人《りんじん》への助けです。生長の家の誌友《しゆう》は互《たがい》に兄弟なのですから、ただひとり聖典《せいてん》を読んで高慢《こうまん》に他《ひと》を批評《ひひょう》するようなのは本当の悟《さとり》ではありません。本

強壮剤　新陳代謝を促し、栄養状態を良好にして体力を回復させる薬剤

当の悟《さとり》は人間《にんげん》互《たがい》に兄弟《きょうだい》であることを悟《さと》って、互《たがい》に好意《こうい》の花葩《はなびら》を投げかけ合うことです。好意ある微笑《びしょう》、希望《きぼう》に満《み》ちた光明《こうみょう》の掛声《かけごえ》こそ失意《しつい》のドン底《ぞこ》にある人々《ひとびと》にとってどんな物質的扶助《ぶっしつてきたすけ》よりも、大《おお》いなる助けになるのです。悟《さとり》とは、人《ひと》を審判《さば》くところの鋭《するど》い知識《ちしき》のメスを研《と》ぎすますことではありません。悟《さとり》とは広く大いなる明るい人物《じんぶつ》となることなのです。悟《さとり》とは山に籠《こも》って行《おこな》い澄《す》ましていることではありません。市《まち》に下《くだ》って誰《たれ》にてもあれ、魂《たましい》の光明《こうみょう》を打開《うちひら》いてその光《ひかり》で相手《あいて》を包《つつ》んでしまう人《ひと》のことです。

吾々《われわれ》の心が狭《せま》くなれば、吾々《われわれ》は生長《せいちょう》したのではなく、縮小《しゅくしょう》したのです。宗教家《しゅうきょうか》が宗派《しゅうは》で互《たがい》に相争《あいあらそ》っているのは醜《みにく》いことです。彼等《かれら》は「縮小」を「生長」と思《おも》い違《ちが》いしているのです。誰《たれ》にてもあれ、人を審判《さば》く一《ひと》つの尺度《しゃくど》を持つようになったならば、その人には「型《かた》」が出来《でき》たのであり、「殻《から》」を造《つく》ってその中《なか》へ入《はい》ったのであり、大きくなる代《かわ》りに小さくなったのでありま す。その時《とき》その人には人を排斥《はいせき》する力《ちから》ばかりが強くなり、容《い》れる力がなくな

誰にてもあれ　誰であろうとも

尺度　ものさし。物事を評価する基準

排斥　受け入れられずにしりぞけること

って、味方《みかた》となるべきはずの人《ひと》も逃《に》げ去《さ》り、事業《じぎょう》の発展《はってん》は停《とま》ってしまうのであります。

皆《みな》さんは唯《ただ》その人の側《そば》へ坐《すわ》るだけでも何《なん》となく嶮《けわ》しい、気詰《きづま》りな、憂鬱《ゆううつ》な、窮屈《きゅうくつ》な感《かん》じを受取《うけと》る人がありましょう。また或《あ》る人の側《そば》に坐《すわ》ると春風《しゅんぷう》駘蕩《たいとう》のような感じがして、何《なん》でも打明《うちあ》けて話したい、その人の胸《むね》に飛込《とびこ》んで抱擁《ほうよう》されたいような感じがすることがありましょう。これは人それぞれの人格《じんかく》の雰囲気《ふんいき》でありまして前者《ぜんしゃ》のような感じがする人は何事《なにごと》をやっても発達《はったつ》しない人であり、後者《こうしゃ》のような感じがする人は何事をやっても発達する人であります。

では、どうして人格の雰囲気にこのような相異《そうい》を来《きた》すのであるかと申《もう》しますと、それは、その人おのおのの心の習慣《しゅうかん》によるのであります。常《つね》に明るい打開《うちひら》いた秘密《ひみつ》のない朗《ほがら》かな心を有《も》ち、深切《しんせつ》な言葉、優《やさ》しい微笑《びしょう》を投げかける習慣を有《も》ちつづけているものは、終《つい》にはそれが習《なら》い性《せい》となって、誰《たれ》にも頼《たよ》

春風駘蕩　ゆったりとのんびりとしていて温和なさま

習い性となる　『書経』「太甲上」にある言葉。身に付いた習慣が、生まれながらの性質のようになること

られるところの温《あたた》かい柔《やわら》かい雰囲気《ふんいき》を放散《ほうさん》する大人物《だいじんぶつ》になることが出来《でき》るのであります。かかる人物《じんぶつ》は何《なに》をやってもそれを扶《たす》ける人々《ひとびと》が集《あつま》って来《き》、その仕事《しごと》を成就《じょうじゅ》するために働《はたら》いてくれるのであります。

これに反《はん》して、美点《びてん》を見出《みいだ》す代《かわ》りに常《つね》に鋭《するど》く人々《ひとびと》の欠点《けってん》を見付《みつ》け出《だ》し、何《なん》でもその人《ひと》の口に掛《かか》ったら、蔭口《かげぐち》や、誹謗《ひぼう》や、不平《ふへい》の種《たね》にならない物《もの》はないというような人々は、どんなに知恵者《ちえしゃ》で頭脳《あたま》が発達《はったつ》していましても、その人の行《ゆ》くところに冷《つめ》たい雰囲気が漂《ただよ》い、人々が叛《そむ》き去《さ》り、運命《うんめい》も彼《かれ》に対《たい》しては酷薄《こくはく》となり、物事成就《ものごとじょうじゅ》せんとして破壊《はかい》するに到《いた》るのであります。人を生《い》かす者《もの》は自分《じぶん》も生き、人を殺す者は自分も殺され、他《ひと》の欠点を指摘《してき》する者は、自分の欠陥《けっかん》をも審判《さば》かれるのであります。

もし、あなたの生来《うまれつき》が冷淡《れいたん》な鋭《するど》い性質《せいしつ》の人であったとしましたら、努《つと》めて、心を温《あたた》かくし、円満《えんまん》にし、出来るだけ人の美点を見るように努め、出すう言葉も出来るだけ丸味《まるみ》のある柔《やわら》かい深切丁寧《しんせつていねい》な言葉を出すようにして御覧《ごらん》な

誹謗　根拠のない悪口を言うこと

酷薄　残酷で薄情なこと

さい。あなたの周囲《しゅうい》がどんなにか光明化《こうみょうか》することでしょう。今迄《いままで》あなたに冷淡《れいたん》であった人々《ひとびと》が深切《しんせつ》になり、今迄剛情《いまでごうじょう》であった家族《かぞく》が従順《じゅうじゅん》になり、今《いま》迄冷《までつめ》たい沈滞《ちんたい》した空気《くうき》に満《み》ちていた家庭《かてい》や事務所《じむしょ》が温《あたた》かい繁栄《はんえい》の気に満ちたところとなるでしょう。そしてそこは生長《せいちょう》の家《いえ》となるのです。

生長の家とは私の家《いえ》の名前《なまえ》でもなければ、また「生長の家」という表札《ひょうさつ》を出してある大きな建築物《けんちくぶつ》をいうのではないのです。心の法則《ほうそく》に随《したが》って宇宙《うちゅう》生々《せいせい》の雰囲気《ふんいき》を漂《ただよ》わしている皆様自身《みなさまじしん》の家庭が生長の家なのです。そういう家庭の満《み》つる国家《こっか》は「生長の国家」であり、全世界《ぜんせかい》がそういう国家ばかりになったら、地上《ちじょう》に天国《てんごく》が成就《じょうじゅ》した事《こと》になるのです。何《なん》でも一歩《ぽ》からです。まず一人《ひとり》が和顔愛語《わがんあいご》の「生長の人《ひと》」になることが肝腎《かんじん》です。顧《かえり》みて自分《じぶん》が和顔愛語の人たらずして、人の好意《こうい》と深切《しんせつ》とを受ける雅量《がりょう》なく、順序《じゅんじょ》を誤《あやま》ったからどうだとか、体面《たいめん》にかかわるからどうだとか、手続《てつづき》に間違《まちがい》があるからどうだとか、形《かたち》にあらわれている一《ひと》つ一つの欠点《けってん》を拾《ひろ》い上《あ》げて、相手《あいて》を審判《さば》

剛情　かたくなで意地っぱりなさま。強情

沈滞　一ヵ所にとどこおって進歩や発展がないこと

生々　万物が生まれ育つこと

雅量　おおらかで人をよく受け入れる心

体面　世間に対する体裁。面目

いているようなことでは、あなたの事業《じぎょう》は生長《せいちょう》の家《いえ》ではなくて伸《の》びるべきものも伸びなくなるのですから、この点大《てんおお》いに御注意《ごちゅうい》ありたいのであります。

十一　先《ま》ず自分《じぶん》に深切《しんせつ》であれ

頭注版㉘四三頁

十一、吾《われ》らは自己《じこ》の好《この》むところを他《た》に施《ほどこ》し、自己の好《この》まざるところを他《ひと》に転嫁《てんか》せざらんことを期《き》す。

転嫁　罪や責任などを他人になすりつけること

この「生長の家」の生《い》き方《かた》はどこから出てくるかと申《もう》しますと、吾々《われわれ》の実《じっ》相《そう》から出てくるのであります。自分《じぶん》の好《この》まないところを他人《ひと》に施さず自分の好むところを他人《ひと》に施す、これは実践道徳《じっせんどうとく》上《じょう》の最《もっと》も根本《こんぽん》となる指導原理《しどうげんり》であります。生長の家では「自分に深切《しんせつ》であれ」という金言《きんげん》があります。世間《せけん》

金言　戒めや導きとなる尊い言葉

普通《ふつう》の道徳《どうとく》では「他人《たにん》に深切《しんせつ》であれ」というのでありますけれども、生長《せいちょう》の家《いえ》では先《ま》ず「自分《じぶん》に深切《しんせつ》であれ」というのであります。キリスト教《きょう》の聖書《せいしょ》にも「己《おのれ》を愛するが如《ごと》く神を愛せよ」或《あるい》は「己《おのれ》を愛するが如《ごと》く隣人《りんじん》を愛せよ」というような言葉がありますが、この聖句《せいく》を考えてみますに、「己《おのれ》」というものが、神を愛し隣人を愛する基準《きじゅん》になっているのであります。神を愛するのも、己《おのれ》を愛するのも、先《ま》ず「己《おのれ》を愛するが如《ごと》く」でありますから、もし吾々《われわれ》が本当《ほんとう》に自分を愛することが出来《でき》なかったならば、本当に神を愛することも、また本当に隣人を愛することも出来ないのであります。それで、吾々《われわれ》の道徳の根本基準《こんぽんきじゅん》になるのは、如何《いか》に自分を愛することが出来るか、という程度《ていど》にあるのであります。それでは「自分自身《じぶんじしん》を愛する」とはどういうことであるか、と申《もう》しますと、自分というものを最《もっと》も尊敬《そんけい》すること、自分の実《じつ》の相《すがた》を本当に知って尊敬することであります。自分の実《じつ》の相《すがた》が神の子である、或《あるい》は仏《ほとけ》の子であるということを根本的《こんぽんてき》に知ることこそ、自分を本当に愛

「己を愛する…」 『新約聖書』「マタイ伝」第二十二章、「マルコ伝」第十二章、「ルカ伝」第十章にあるキリストの言葉

聖句 神聖な尊い言葉

するということになるのであります。

普通世間《ふつうせけん》の人《ひと》は「自分《じぶん》を愛する」といえば、自分が金儲《かねもう》けするとか、或《あるい》は地位《ちい》や名誉《めいよ》を得《う》るとか、そういう利己的《りこてき》なことで得《とく》をすることを「自分を愛する」ことだと思っていますけれども、それは本当《ほんとう》は自分を愛するものではないのであります。自分自身《じぶんじしん》を愛するということは、自分自身を最《もっと》も大きく観《み》るということであります。この自分自身を最も大きく観《み》ることが出来《でき》る人にして、初《はじ》めて他《た》の人をも最も大きく観《み》ることが出来るのです。自分を愛する程度《ていど》にしたがって本当に他《た》をも愛することが出来るのです。人間《にんげん》なんてつまらないものだと考えて自分を軽蔑《けいべつ》している人は、その同じ人間であるところの他人《たにん》をも軽蔑《けいべつ》する人であります。

吾々《われわれ》はよく、お客《きゃく》さんが来《こ》られますと、煙草《たばこ》の好《す》きな人には早速《さっそく》と煙草盆《たばこぼん》を出します。それから甘《あま》いものの好きな人には甘いお菓子《かし》を出します。私の例《れい》をとってみますならば私は今《いま》は食慾《しょくよく》が正しくなって甘いものをあまり好《この》

煙草盆　喫煙具一式をのせる容器

まなくなりましたが、前《まえ》には甘《あま》いものが大変《たいへん》好《す》きでありましたから、煙草《たばこ》の好きな人《ひと》が来《こ》られても煙草盆《たばこぼん》を出すことには気がつかないで、「お菓子《かし》を持っておいで……」と命令《めいれい》してお菓子を出させたものであります。そうすると、お客《きゃく》さんの方《ほう》から、「ちょっと済《す》みませんが、煙草盆《たばこぼん》か灰皿《はいざら》かを貸《か》して下《くだ》さいませんか」と請求《せいきゅう》される。そうして「ああこの人は煙草《たばこ》が好きなんだ」と思って気がついて灰皿を出すという始末《しまつ》です。ところが私自身《わたしじしん》は煙草《たばこ》の煙《けむり》は大嫌《だいきら》いなんです。嫌《きら》いなものだから、嫌いなものを人に与えては済まないというような気持《きもち》がするものですから、甘い美味《おい》しいお菓子をあげようというつもりで、甘いお菓子を出すのですけれども、その相手《あいて》の人が甘いものが嫌いで、煙草《たばこ》がお好《す》きだというような場合《ばあい》には、こちらの折角《せっかく》の好意《こうい》が無駄《むだ》になるというようなことが往々《おうおう》にしてあるのであります。

　或《あ》る時《とき》私が大阪《おおさか》にいる中学時代《ちゅうがくじだい》の友人《ゆうじん》のところへ久《ひさ》し振《ぶ》りに訪《たず》ねて行《い》った事《こと》がありましたが、中学《ちゅうがく》を出てから十年《ねん》以上《いじょう》も逢《あ》わないでおりまして、

中学時代　著者は明治三十九年に大阪府立市岡中学校（現在の大阪府立市岡高等学校）に入学した。本全集第三十一巻「自伝篇」上巻第二章参照

突然《とつぜん》そこの家《いえ》へ行《ゆ》きましたら、その友達《ともだち》が大変喜《たいへんよろこ》んでくれまして、大きな湯呑《ゆのみ》に茶を淹《い》れて私の前《まえ》へ置《お》いてくれたのであります。私は茶を飲むのが大《だい》好《す》きで、それも煎茶茶碗《せんちゃぢゃわん》の底《そこ》にひっついているようなのは嫌《きら》いで、大きな湯《ゆ》呑《のみ》にたっぷり入《はい》っているのを、なみなみと呑《の》むのが好きですから、「この友《とも》達《だち》、さすがに古くからの友達で気がきいている」と思いまして湯呑《ゆのみ》を取って飲んでみると、茶であるかと思いのほかそれは酒だったのであります。この友達は学校卒業後《がっこうそつぎょうご》大変酒が好きになって、近頃《ちかごろ》では茶の代《かわ》りに酒を飲んでいる――そういうふうな人《ひと》であるのでありますから、その人に取っては自分《じぶん》は酒が大好きであるから、酒を饗応《きょうおう》することは、最《もっと》も隣人《りんじん》を愛する所以《ゆえん》であるとこういう具合《ぐあい》に思うておられたのであります。こんな具合で吾々《われわれ》は自《じ》分《ぶん》を大酒飲《おおざけの》みだと思ったら他人《ひと》をも大酒飲みのように愛する。自分を甘党《あまとう》だと思ったら、甘党のように愛する。そして自分が神の子だと思ったら神の子のように愛する。何《なん》でも自分が基準《きじゅん》になるのでありますから、吾々《われわれ》が本当《ほんとう》

饗応　酒や料理などを出してもてなすこと

に隣人《りんじん》を愛しよう、兄弟《きょうだい》を愛しようと思うには、自分自身《じぶんじしん》が本当《ほんとう》に高くなり、自分自身を如何《いか》に愛するかということを知らなければならない。そうでなければ、愛しているつもりで相手《あいて》を突落《つきおと》していることがあるのであります。

せんじつ或《あ》る誌友《しゆう》が来《き》ておられまして、女の方《かた》でありましたが、「自分《じぶん》の子供《こども》がどうも利己主義《りこしゅぎ》であって人《ひと》には良《よ》いものを寄越《よこ》さないで自分が一番《ばん》いいものを取ろうとする、これをどういうふうにして直《なお》したらいいものでありましょうか」というふうな質問《しつもん》をせられたのであります。それで私は「それはあんた自身《じしん》の心が映《うつ》っているのでありませんか、あんたはこれは自分に一等《とう》良い、一番良いと思うものを、本当に取りたくありませんか」といいましたら、その御婦人《ごふじん》は腑《ふ》に落ちぬような表情《ひょうじょう》で、どこが自分が利己主義なんだろうかというような表情で、ちょっと考えておられたのであります。

それで私は、「もしあんたの坊《ぼっ》ちゃんが、今度《こんど》中等学校《ちゅうとうがっこう》への入学試験《にゅうがくしけん》を受

腑に落ちない　納得がいかない

中等学校　旧制の中学校。旧制高等学校への進学を目指した男子中等普通教育機関。昭和二十二年に新制の中学校、高等学校に改編された

ける、そういう時《とき》に自分《じぶん》は一番良《ばんよ》いものを取りたくないのだから、出来《でき》るだけ下《した》の点数《てんすう》を取って落第《らくだい》する、こういわれたらあんたはどうせられますか」とお尋《たず》ねしたのであります。それにはその婦人《ふじん》お困《こま》りになった。やはり自分の子供《こども》は一番良い点数で入学《にゅうがく》させたい、自分の子が一人《ひとり》入学すれば、他《た》の一人《ひとり》は落第《らくだい》するのだけれど、それは仕方《しかた》がないと思っていられる。それにもかかわらず、自分の子は利己主義《りこしゅぎ》で困るといわれる。その人《ひと》にとっては道《どう》徳《とく》の標《ひょう》　準《じゅん》というものが本当《ほんとう》には決まっていないのであります。或《あ》る場合《ばあい》には、自分の子供が一番良いものを取ることは利己主義で困ると思うているが、そうかと思うと学校入学《がっこうにゅうがく》の席順《せきじゅん》は他《ひと》を突落《つきおと》しても自分の息子《むすこ》は一番良いのを取ってくれなければ困る、とこう思うておられる。こんなことでは本当に人を愛することは出来《でき》ないのであります。ところがこの本当に自分を愛する、或《あるい》は人を本当に愛するということは、そういう一《ひと》つ一つの行為《こうい》についで、一番良いものを取るからいけないの、一番わるいものを取ろうと心掛《こころが》け

席順　成績の順位。
席次

ないのがいけないのだというふうなものではないのでありまして、根本《こんぽん》に吾々《われわれ》は自分自身《じぶんじしん》を本当《ほんとう》に愛するということから出発《しゅっぱつ》して行《ゆ》く時《とき》に、初《はじ》めて隣人《りんじん》を如何《いか》に愛すべきかということがわかるのであります。自分自身を如何《いか》に愛するかといえば、自分《じぶん》を神の子と感《かん》じ、自分を仏《ほとけ》の子であると感ずる、これが本当に自分を愛することなのであります。自分を本当に神の子だと感じ、自分の子供《こども》も神の子だと感じ、他人《たにん》の子供も神の子だと感ずるようになりますと、受験《じゅけん》にだって自分の子供が正々堂々《せいせいどうどう》と一番良《ばんよ》いものを取っても好《い》いことが判《わか》る。濫《みだ》りに他《ひと》にセンチメンタルな愛情《あいじょう》によって、実力《じつりょく》が出ない中《うち》に、試験《しけん》にお情及第《なさけきゅうだい》させてもらうような卑怯《ひきょう》なことを、相手《あいて》の神の子にさせようとは思わなくなる。みんな一番良いものを取って好《よ》いということが判《わか》るのであります。自分の子も神の子、他人《ひと》の子も神の子ということになれば、少しも依怙贔屓《えこひいき》のない道徳《どうとく》が確立《かくりつ》するのであります。

或《あ》る人《ひと》が、自分を豚《ぶた》の子のように思って軽蔑《けいべつ》し、そうして自分の子供をも

センチメンタル　感情におぼれがちな。感傷的な
お情及第　成績のよくない学生などに合格点を与えること

豚《ぶた》の子のように軽蔑《けいべつ》して言《い》い罵《ののし》っておったら、その子供《こども》が豚の子のように蒲《ふ》団《とん》の上《うえ》で寝小便《ねしょうべん》するようになって、親《おや》の心が一変《いっぺん》するまでは、それがどうしても治《なお》らなかった。それは人《ひと》の子を「神の子」だと考えていないで豚の児《こ》のように考えていた。その考えが治《なお》らなかったからです。その点《てん》を生長《せいちょう》の家《いえ》の講師《こうし》が指摘《してき》して、「あんたは自分《じぶん》の子供を豚の子のように思っているから、それで寝床《ねどこ》に寝小便するのですよ。そんな豚の子のように人間《にんげん》の子供を軽蔑してはいけない、自分の子供は『神の子』であるということを本当《ほんとう》に思いなさい」といって諭《さと》されたら、その晩《ばん》から豚の子が本当の「人の子」になって寝床に小便《しょうべん》をしなくなったという実話《じつわ》がありますが、結局《つまり》、この自覚《じかく》が大切《たいせつ》であります。吾々《われわれ》は自分自身《じぶんじしん》が神の子であるということを、ともすれば忘れがちであります。自分自身が「神の子」であるということを忘れるがために、相手《あいて》もまた神の子であるということを忘れてしまうのであります。自分自身が仏《ほとけ》であるということを忘れてしまうから、相手もまた仏《ほとけ》であるということを忘れてしまうのです。そういうことでは本当《ほんとう》に自分《じぶん》を愛することも出来《でき》なければ、他《ひと》をも愛することが出来ない。それでは「己《おのれ》を愛するが如《ごと》くに隣人《りんじん》を愛せよ」或《あるい》は「己《おのれ》を愛するが如《ごと》く神を愛せよ」という教《おしえ》を守ることが出来ないことになるのであります。

それですから、本当に自分を愛するというのは、自分自身《じぶんじしん》を最《もっと》も価値《かち》あるものにすること、自分自身を最も高き価値まで昂《たか》め揚《あ》げるという事《こと》に外《ほか》ならないのであります。では、自分を最も高き価値まで昂《たか》め揚《あ》げるとは、一体《いったい》どうすることであるかと申《もう》しますと、必《かなら》ずしも学校《がっこう》で一番《ばん》の成績《せいせき》をとるということではないのです。自分が「神の子」になり、「仏《ほとけ》」になるということである。すでに「神の子」であり「仏《ほとけ》」であるところの人間《にんげん》の実相《ほんとのすがた》を、「今」自覚《じかく》すること——これが一切《いっさい》の信仰《しんこう》の、一切の道徳《どうとく》の中心《ちゅうしん》になり、出発点《しゅっぱつてん》になるのであります。キリストは聖書《せいしょ》の中《なか》で「神の子」というところを「人《ひと》の子」といって両語《りょうご》を混雑《こんざつ》して使っていますが、これは、本当に

「人の子」は「神の子」であるという自覚《じかく》から来《く》るのです。自分《じぶん》が神の子であり仏《ほとけ》であるということを知らなければ、総《すべ》ての道徳《どうとく》は中心《ちゅうしん》を失い、柱《はしら》を失ってしまって、どうして好《よ》いかわからなくなるのであります。

では、仏《ほとけ》とは何《なん》であるかと申《もう》しますと、これは解《ほど》けることである。一切《いっさい》の縛《しばり》なるもの、一切の凝《こり》というものから解《ほど》けてしまって、解脱《げだつ》した状態《じょうたい》になってしまう——その解脱《ほど》けた状態、これが仏《ほとけ》であります。この自分自身《じぶんじしん》が解《げ》脱《だつ》した状態になって、自由自在《じゆうじざい》な境地《きょうち》になって、その自由自在な境地を愛することが出来《でき》て、はじめて他《た》の人々《ひとびと》の人格《じんかく》の自由《じゆう》を完全《かんぜん》に生かす愛が出来てくるのであります。

ですから、吾々《われわれ》は先《ま》ず自分自身をはっきりと把《つか》まなければならないのであります。自分自身が神の子であり、仏《ほとけ》であるということをはっきりと把《つか》んでしまって、何《なに》ものにも執《とら》われない、自由自在な相《すがた》というものを自覚《じかく》して、そうして自分は神の子であると自分自身を愛し礼《らい》し、己《おのれ》を愛し礼《らい》するごとく、

解脱　束縛から解き放たれて、悟りを得ること

その如《ごと》く他《ひと》に対《たい》して、神の子として、仏《ほとけ》として尊敬《そんけい》し、敬《うやま》い、人《ひと》の内《うち》に宿《やど》っているところの実相《じっそう》――神性《しんせい》というものを生かして行《ゆ》くようにする、これが本当《ほんとう》に自己《じこ》を愛する如《ごと》く他《ひと》をも愛するということなのであります。

ですから、自己を愛するかの如《ごと》く人を愛するということは、要《よう》するに自分《じぶん》と他《た》とが一《ひと》つであるという根本実相《ひとのほんとのすがた》から来《く》るのであります。自分と他《た》とが一つである。自分と他《た》とが一つでなければこの愛ということは成《な》り立《た》たないのであります。自分と他《た》とが全然別《ぜんぜんべつ》ものであったならば、自分の喜《よろこ》びが他人《ひと》の喜びであるというはずがない、他人《ひと》の悲しみが自分の悲しみであるというはずがないのであります。

ですから、吾々《われわれ》が自分の好《この》むところを他《ひと》に与え、他《ひと》の欲《ほっ》せざるところを他《ひと》に転嫁《てんか》しまいと思うのは、要《よう》するに自分というものと他人《ひと》というものが、本《ほん》来《らい》同じものである。同じものであるから同じように感《かん》ずるものであるという根本的《こんぽんてき》な直覚的認識《ちょっかくてきにんしき》から来《く》るのであります。この「自他一体《じたいったい》」の直覚認識《ちょっかくにんしき》がなければ道徳的価値評価《どうとくてきかちひょうか》というものは成立《なりた》たないで一切《いっさい》の行為《こうい》はバラバラで道徳的《どうとくてき》には何《なん》らの価値《かち》もないということになるのであります。このように道徳《どうとく》とは自他一体《じたいったい》の直覚認識《ちょっかくにんしき》から始《はじ》まって、自分《じぶん》の喜《よろこ》ぶ状態《じょうたい》に他《た》をもしてあげたいという願《ねが》いに始まるのですから、自分の実相《じっそう》が仏《ほとけ》であること、そしてこの仏《ほとけ》の相《すがた》とは何《なに》ものにも縛《しば》られない自由自在《じゆうじざい》なものであるということを自分自身《じぶんじしん》に自覚《じかく》した人《ひと》のみ、本当《ほんとう》に人々《ひとびと》にもその人の実相即《すなわ》ち仏《ほとけ》を自覚せしめて、如何《いか》なる外《ほか》のものにも縛られない自由自在なる状態を、その人に施《ほどこ》してあげることが出来《でき》るのであります。この自由自在な無畏《むい》の状態を施してあげることが仏教《ぶっきょう》では無畏施《むいせ》といって施しの中《なか》でも最《もっと》も尊《とうと》いものとなされているのであります。

　さっき申《もう》しましたように、甘《あま》いものの好《す》きな人は甘いものを他《ひと》に与え、煙草《たばこ》の好きな人は煙草《たばこ》を他《ひと》に与える。そして自分自身の自由自在な実相の好きな人は実相を他《ひと》に与えるのであります。

ところが誰《たれ》でも、本来自由自在《ほんらいじゆうじざい》なのが実相《ほんとのすがた》なのでありますから、自由自在の境地《きょうち》を求めない人《ひと》はない。煙草《たばこ》の好《す》きな人も本当《ほんとう》は煙草《たばこ》そのものが好きなのではない、何《なん》となくギコチなく淋《さび》しく自由自在な感《かん》じが失われている、その感じを胡魔化《ごまか》すために煙草《たばこ》を喫《の》み酒を飲むのです。金《かね》の欲《ほ》しい人でも、金《かね》そのものが欲しいのではない、金《かね》があると自由自在に何《なん》でも振舞《ふるま》えると思うから金《かね》をほしがるのです。ところが金《かね》を持っても酒煙草《たばこ》を喫《の》んでも、それに執《とら》われたら却《かえ》って自由自在が失われる。金《かね》に執《しゅう》すれば金《かね》に縛《しば》られ、酒煙草《たばこ》に執《しゅう》すれば、酒煙草《たばこ》の奴隷《どれい》にせられてしまう。これでは、元々《もともと》自由自在を求めたのが何《なん》にもならない。自由自在を求めて却《かえ》って不自由不自在《ふじゆうふじざい》を得《え》たことになるのです。ですから自分《じぶん》が真《しん》に自由自在に解脱《げだつ》した喜《よろこ》びというものを得《え》たならば、吾々《われわれ》は全人類《ぜんじんるい》の得《え》んとして目指《めざ》しているこの喜びを人々《ひとびと》に与えなければならぬのです。これが自他一体《じたいったい》の真理《しんり》なのです。そうしてここに自分が仏《ほとけ》の実相《じっそう》を鳴《な》り出《だ》せば、傍《かたわ》らにいる人々《ひとびと》の内《うち》にある仏《ほとけ》が鳴り出すということになるのであります。これは釣鐘《つりがね》の共鳴《きょうめい》のようなものであって、二《ふた》つの釣鐘《つりがね》を並《なら》べて置《お》いてこちらの釣鐘《つりがね》をゴーンと撞《つ》くと、その隣《となり》の釣鐘《つりがね》もゴーンとまた共鳴して鳴《な》り出《だ》すのです。それは、一人《ひとり》の人《ひと》の実相《じっそう》の響《ひび》きが鳴り出す時《とき》は、「一切衆生仏性《いっさいしゅじょうぶっしょう》あり」で、他《た》の人々《ひとびと》の中《なか》に宿《やど》っているところの仏性《ぶっしょう》が鳴り出して表面《ひょうめん》に顕《あら》われて顕在的《けんざいてき》になるのであります。だから人を悟《さと》らすには、先《ま》ず「自分《じぶん》は神の子だ、仏《ほとけ》の子だ」と気付《きづ》いた人が、そうであるということを言葉に出してガーンと鳴り出すということが必要《ひつよう》なのであります。そうするとその隣の鐘《かね》——否《いな》、その附近《ふきん》にいる人たちもやはり自分の中《うち》にある尊《とうと》き仏性《ぶっしょう》がガーンと鳴り出して顕在《けんざい》となり、またその響きが更《さら》に共鳴を起《おこ》して、すべての人々《ひとびと》、到《いた》るところに仏《ほとけ》が現《あら》われて来《く》るということになるのであります。そしてすべての人々悉《ことごと》く仏性《ぶっしょう》が顕《あらわ》れ、これが本当《ほんとう》に隣人《りんじん》を愛するということになるのであります。それでその次《つぎ》の第《だい》十二条《じょう》にはこう書いてあります。

共鳴　静止している発音体が他の音波を受けて自然に鳴り出す現象

顕在的　表面にはっきりとあらわれているさま

十二　真理《しんり》を伝えるのは愛の道《みち》

十二、吾《われ》らはすべての人類《じんるい》をして健康《けんこう》と幸福《こうふく》と安住《あんじゅう》との生活《せいかつ》を得《え》しめんがため、この光明思想《こうみょうしそう》「生長《せいちょう》の家《いえ》」をひろめ全人類《ぜんじんるい》に真理を伝えんことを期《き》す。

頭注版㉘五三頁

さて、この光明思想「生長の家」を人類に弘《ひろ》めるということは、何《なに》も自分《じぶん》が物質的利益《ぶっしつてきりえき》を得《う》るために弘《ひろ》めるのでもなければ、自分は人《ひと》に道《みち》を説《と》くところの第《だい》一番《ばん》の高き導師《どうし》であるという名誉心《めいよしん》を満足《まんぞく》せしめるために弘《ひろ》めるのでもない。唯《た》だ吾々《われわれ》は、自分が仏《ほとけ》であるという自覚《じかく》を得《え》たときに、そうして又《また》他《た》の人々《ひとびと》も同じく仏《ほとけ》であるということを知った時《とき》に、その仏《ほとけ》であるべき人間《にんげん》が仏《ほとけ》でないような相《すがた》の現《あらわ》れているのを見た時に気《き》の毒《どく》になってたまらない、自分も仏《ほとけ》である、あの人も仏《ほとけ》であるのに、あんなに仏《ほとけ》でないと思って、あん

導師　人を教え導く人

なに貧《まず》しい相《すがた》をし、あんなに病《や》める相《すがた》をしている、あんなに悲しい相《すがた》をしている、どうも気《き》の毒《どく》でならない、とこう気が付《つ》いた時《とき》に、どうしてもその人《ひと》に仏《ほとけ》であるという実相《じっそう》を知らしてあげなくてはならない衝動《しょうどう》に駆《か》られるのです。これは結局《けっきょく》「自分《じぶん》と他《た》とは本来一体《ほんらいいったい》である」事実《じじつ》から出て来る衝動であって、自分が仏《ほとけ》であるということがわかったら相手《あいて》に対《たい》しても仏《ほとけ》であるということを知らさずにおれない。自分が神であるということがわかったら相手に対してまた神であるということを知らさずにはおれない――これが自《じ》他一体《たいいったい》の愛――仏《ほとけ》の愛であり、神の愛である。そしてそれを実行《じっこう》するのは菩《ぼ》薩《さつ》の行《ぎょう》であるわけであります。

ですから、この「生長《せいちょう》の家《いえ》」を弘《ひろ》めるというと、何《なに》か雑誌《ざっし》を弘《ひろ》めるというようにお考えになる方《かた》もあるかも知れませんけれども、これは雑誌を弘《ひろ》めるのでない、「仏《ほとけ》」を弘《ひろ》めるのである、「神の子」をひろめるのである。総《すべ》ての人間《にんげん》を「仏《ほとけ》」にし、「神の子」にする言葉の響《ひびき》を弘《ひろ》めるのであります。

菩薩の行　自らも仏道の修行をしながら、さらに人々を救うために教え導く修行

キリストは路傍《ろぼう》で説教《せっきょう》した。日蓮《にちれん》は辻説法《つじせっぽう》した。これは何《なに》も自分自身《じぶんじしん》のためにするところの運動《うんどう》ではない。辻《つじ》で説法《せっぽう》するのは下品《げひん》だとか何《なん》とかいっておれないのは人類《じんるい》を愛するからなのです。全《すべ》ての人間《にんげん》を、われ自《みずか》らの如《ごと》く愛するから、その悟《さと》った真理《しんり》を伝えずにはいられないので、世間《せけん》から見た恰好《かっこう》が、悪いの好《い》いのといってはいられないのです。自分自身が「神の子」であり「仏《ほとけ》」であると悟ったらそれを全人類《ぜんじんるい》に弘《ひろ》めなくてはいられない。ですから今《いま》まで色々《いろいろ》の宗教《しゅうきょう》が現《あらわ》れてきておりますが、総《すべ》ての教祖《きょうそ》はその已《や》み難《がた》き衝動《しょうどう》に駆《か》られて「仏《ほとけ》」を伝え、「神の子」を伝えたものであります。しかしそれぞれの時代《じだい》、その環境《かんきょう》に応《おう》じて、その教《おしえ》を伝え弘《ひろ》める形式《けいしき》は変《かわ》って来《き》たのであります。過去《かこ》の時代には、通信機関《つうしんきかん》や印刷機関《いんさつきかん》が不便《ふべん》でありましたので、概《おおむ》ね直接説法《ちょくせつせっぽう》によらなければならないから、説法のコトバの力《ちから》で「仏《ほとけ》」を大量生産《たいりょうせいさん》することが出来《でき》なかったのであります。ところが、現代《げんだい》に於《お》いてはこの「生長《せいちょう》の家《いえ》」が出現《しゅつげん》して、印刷物《いんさつぶつ》によって「仏《ほとけ》」をヒビキ伝

路傍　道ばた
辻説法　辻は十字路のこと。路上で道行く人に説法すること。特に天台宗や日蓮宗の僧侶が行った

えるという不思議《ふしぎ》な、時代応現《じだいおうげん》の用《はたらき》というものが出来《でき》たのであります。現代《げんだい》のようにこんなに人口《じんこう》が殖《ふ》え、そうして学問《がくもん》が進歩《しんぽ》し、印刷術《いんさつじゅつ》が発達《はったつ》している時代《じだい》に、今《いま》までのような姑息《こそく》な、単《たん》に教会《きょうかい》という一《ひと》つの建物《たてもの》、或《あるい》は寺院《じいん》という一つの建物の中《なか》で牧師《ぼくし》や坊《ぼう》さんが喋《しゃべ》っているというだけでは、なかなか人類全体《じんるいぜんたい》に「仏《ほとけ》」を伝えることは出来《でき》ないのです。ですから、この時代に最《もっと》も相応《ふさわ》しく、活字《かつじ》の力《ちから》というもの、印刷《いんさつ》の力というものを以《もっ》て、大《たい》量生産的《りょうせいさんてき》に「仏《ほとけ》」の響《ひび》きを出させて、従《したが》って又《また》大量生産的に救《すく》われるということになったのであります。

そんなわけで、この「生長《せいちょう》の家《いえ》」から出る出版物《しゅっぱんぶつ》は、活字を組んで列《なら》べてあるだけでありますけれども、その列《なら》んでいる言葉そのものは「仏《ほとけ》」のヒビキでありますから、解脱《げだつ》して自由自在《じゆうじざい》になった生命《せいめい》のヒビキでありますから、『生長の家』が或《あ》る誌友《しゆう》のところへ着《つ》いただけでその誌友《しゆう》の病気《びょうき》がよくなったとか、或《あるい》は乱視《らんし》が治《なお》ったとかいうふうな不思議なことも往々起《おうおうおこ》ってく

姑息　一時的な間に合わせ

るのは、「生長《せいちょう》の家《いえ》」の出版物《しゅっぱんぶつ》が単《たん》に活字《かつじ》を列《なら》べて紙の上《うえ》に印刷《いんさつ》してあるというだけのものではない、そこに文字《もじ》に「仏《ほとけ》」の自在無礙《じざいむげ》の響《ひび》きがあり、言葉に「神の子」の解脱《げだつ》の響きがあるからであります。その言葉の響き、文字の響きを全世界《ぜんせかい》に弘《ひろ》め、これによって全世界が光明化《こうみょうか》され、それを受取《うけと》りそれを読んだ総《すべ》ての人《ひと》が自己《じこ》の中《うち》に宿《やど》っている仏《ほとけ》の響きに共鳴《きょうめい》して、発現《はつげん》されて、そうしてみなみな自分《じぶん》が仏《ほとけ》であるということを自覚《じかく》することが出来《でき》る。こうなれば「仏陀《ほとけ》」の大量生産《たいりょうせいさん》が成就《じょうじゅ》するのであります。

この間《あいだ》、伊藤三郎《いとうさぶろう》さんが私のところへ『日蓮主義《にちれんしゅぎ》』という雑誌《ざっし》を持って来《き》て下《くだ》さいました。それは二、三日前《にちまえ》、ここで伊藤三郎さんがお話しになった逗子《ずし》に住んでいる人《ひと》から伊藤三郎さんに送って来られた雑誌なのだそうであります。その話はこうであります。或《あ》る日《ひ》伊藤三郎さんを訪《たず》ねて来《き》た旧友《きゅうゆう》がある。その旧友が伊藤三郎さん自身《じしん》では引受《ひきう》けることを躊躇《ちゅうちょ》しなければならないと思われるような或《あ》る重大《じゅうだい》な仕事《しごと》に一肌脱《ひとはだぬ》いで欲《ほ》しいと頼《たの》みに来

逗子　神奈川県南東部にある市

一肌脱ぐ　本気になって力を貸すこと

られたのだそうであります。その知人《ちじん》に会ってみると、その顔《かお》が何《なん》となく明るく輝《かがや》いて見えるので、ちょっと躊躇《ちゅうちょ》するような大仕事《おおしごと》なのだけれども何《なん》となく引受《ひきう》けても好《よ》いかも知れぬという気になり、一《ひと》つ神意《しんい》に問《と》うてみようと別室《べっしつ》に退《しりぞ》いて神想観《しんそうかん》をされた。するとその仕事《しごと》を引受《ひきう》けても好《よ》いという霊《れい》感《かん》があったので、伊藤《いとう》さんは自分《じぶん》の奥様《おくさま》に相談《そうだん》なさると、伊藤さんの奥様は「神さまからそういう霊感があったのならば、引受《ひきう》けておやりなさい」といわれましたので、又《また》その逗子《ずし》からの旧友《きゅうゆう》のところに出て来られて、「では、その仕事をお引受《ひきう》けしましょう」といわれた。そして「実《じつ》はあなたに上《あ》げたいと思って署名《しょめい》した本がここにある。ちゃんとあなたの名前《なまえ》が扉《とびら》に書いてある」といって『生命《せいめい》の實相《じっそう》』をお上《あ》げになったら、その旧友はその『生命《せいめい》の實相《じっそう》』を見て大変《たいへん》お喜《よろこ》びになって、実《じつ》は私は「生長《せいちょう》の家《いえ》」のことは『生《せい》命《めい》の藝術《げいじゅつ》』という雑誌《ざっし》を新聞広告《しんぶんこうこく》を見て無代進呈《むだいしんてい》してもらって読みましたら、今迄信仰《いままでしんこう》していた日蓮上人《にちれんしょうにん》の教《おしえ》の神髄《しんずい》を深く穿《うが》ったものと感《かん》じて、非《ひ》

扉　書物の見返しの次にある、書名や著者名などを記したページ

『生命の藝術』　昭和八年八月創刊の月刊誌。著者の思想に共鳴していた佐藤彬らが設立した「生命の藝術社」より発行した。弟の画家松本竣介は表紙の装画や編集を手伝い、小説なども寄稿した

常《じょう》に有難《ありがた》く思いましたので、それに書いてある神想観《しんそうかん》の説明《せつめい》、これさえあれば好《よ》いというので、一所懸命《いっしょけんめい》、神想観《しんそうかん》の歌を暗記《あんき》していました。すると自分《じぶん》の長らくの喘息《ぜんそく》が治《なお》ってしまいましたので全《まった》く有難《ありがた》くて『生命《せいめい》の實相《じっそう》』を欲《ほ》しい欲しいと思っていました。欲しい物《もの》が集《あつま》って生長《せいちょう》の家《いえ》の無限供給《むげんきょうきゅう》が成《じょう》就《じゅ》したのです、というわけです。この方《かた》は唯今《ただいま》、名前《なまえ》を思い出しましたが村《むら》田《た》武《ぶ》一郎《いちろう》という方《かた》です。この村田さんから最近《さいきん》伊藤三郎《いとうさぶろう》さんへ『日蓮主義《にちれんしゅぎ》』という雑誌《ざっし》を送って来《こ》られた。実《じつ》はこの中《なか》に「生長の家」の攻撃《こうげき》が書いてある。その攻撃というのは「生長の家」は日蓮主義と同じことだというのです。日蓮主義と同じものに「生長の家」という名をつけて新聞《しんぶん》に大袈裟《おおげさ》な広《こう》告《こく》をして自分《じぶん》の一派《ぱ》の宗教《しゅうきょう》に引込《ひきこ》もうとしているというのが攻撃の材料《ざいりょう》になっているのです。それに対《たい》して村田さんは自分の救《すく》われたお礼《れい》に反駁文《はんばくぶん》を書いたからそれを見て欲しい、これで好《よ》いかと附《つ》け加《くわ》えて書いていられるのです。その反駁文《はんばくぶん》にはこう書いてあります。「自分《じぶん》は元来日蓮宗《がんらいにちれんしゅう》であるのに

反駁文　他人の反論や批判に対して論じ返した文章

元来　はじめから。もとから。

日蓮宗《にちれんしゅう》の有難《ありがた》いことが判《わか》らないで、あまり熱心《ねっしん》でなかったが、『生長《せいちょう》の家《いえ》』を読むようになってから日蓮宗が本当《ほんとう》に有難《ありがた》いと解《わか》って一層《いっそう》日蓮宗に熱心になった。この事実《じじつ》を見ても生長の家は自宗《じしゅう》に引《ひき》つけるような宗教《しゅうきょう》ではない。すべての宗教の神髄《しんずい》を穿《うが》っているから、どの宗派《しゅうは》の人《ひと》が見ても、自分《じぶん》の宗教と同じことを説《と》いていると見えて、却《かえ》って自分の宗教がありがたくなるのである。宗教とは結局《けっきょく》、同じ救《すく》いに導《みちび》くものであるから、どの宗教から見ても自分の宗教と同一真理《どういつしんり》を説くものだと認《みと》められる位《ぐらい》でないと本物《ほんもの》ではない。又頻々新聞《またひんぴんしんぶん》に大袈裟《おおげさ》に広告《こうこく》するのが、あまり大袈裟《おおげさ》で、宣伝《せんでん》じみているというのは当《あた》らない。今《いま》もし日蓮上人《にちれんしょうにん》がこの世《よ》に出て来《こ》られたならば、辻説法《つじせっぽう》のような緩慢《かんまん》なことをして、少しの人《ひと》を集めて道《みち》を説き少数《しょうすう》の人類《じんるい》しか救わぬというようなことはしないはずである。必《かなら》ずや谷口先生《たにぐちせんせい》と同じような大袈裟《おおげさ》な、出版機関《しゅっぱんきかん》を利用《りよう》し、新聞を利用し、講演《こうえん》を利用し或《あるい》はラジオを利用し、文明《ぶんめい》の利器《りき》を出来《でき》るだけ利用して、出来るだけ大袈裟《おおげさ》に宣伝し

緩慢　ゆったりしていて、のろいこと

文明の利器　物質的文明によってもたらされる便利な器具や機械

て大衆《たいしゅう》に達《たっ》するようにし、一日《にち》も早くこの真理《しんり》を全人類《ぜんじんるい》に伝えるように努力《どりょく》せられたに違《ちが》いない。新聞広告《しんぶんこうこく》をして宣伝《せんでん》じみて外聞《がいぶん》が悪いとか、辻説法《つじせっぽう》をして乞食坊主《こじきぼうず》と間違《まちが》えられて外聞が悪いとか、そんな自己《じこ》の名聞《みょうもん》なんて考えている暇《いとま》がない、それが捨我精進《しゃがしょうじん》であって、あらゆる機会《きかい》を悉《ことごと》く見のがさないで仏《ほとけ》を伝えるように努力するのが、これ自己《じこ》が仏《ほとけ》を悟《さと》った人《ひと》の道《みち》である」というようなことをその反駁文《はんばくぶん》に書いて、その雑誌《ざっし》と一緒《いっしょ》に送って来《こ》られたのであります。

この村田《むらた》さんの披仰《おっしゃ》るように、吾々《われわれ》が真理《ほとけ》を知ったならば、それを出来《でき》るだけ多くの人に伝えるということがこれ仏様《ほとけさま》の働《はたら》きである、方便《ほうべん》としてあらゆる機会《きかい》を利用《りよう》して宣伝する――決《けっ》してこれは利己主義《りこしゅぎ》の働《はたら》きじゃないのであります。これは総《すべ》ての人の実相《じっそう》を生《い》かす最《もっと》も尊《とうと》い仕事《しごと》でありまして、それには時代応現《じだいおうげん》のいろいろの手段《しゅだん》、方便ということが必要《ひつよう》なのであります。或《あるい》は光明思想普及会《こうみょうしそうふきゅうかい》の新聞広告《しんぶんこうこく》が、病気《びょうき》の治《なお》った礼状《れいじょう》がたくさん出ている、

名聞　世間での評判

捨我精進　自我を抑えて努力すること。調布女学校（現田園調布学園大学）初代校長、川村理助が提唱した言葉

治《なお》してもらった体験談《たいけんだん》がたくさん出ている、まるで「有田《ありた》ドラッグ」のようであるというような攻撃《こうげき》をなさる方《かた》がある。しかし、「有田ドラッグがどうしてわるいのか」というと、何《なに》もわるいという理由《りゆう》はない、有田ドラッグもなかなか言葉の力《ちから》を巧《うま》く利用《りよう》してそうして薬《くすり》を売っている。薬を売っているだけじゃないのであって、あれは半分《はんぶん》は光明思想《こうみょうしそう》である。有田ドラッグの広告《こうこく》を読んでみると「病気《びょうき》は薬では治《なお》らぬ、精神《せいしん》の持《も》ち方《かた》や信仰《しんこう》によって治《なお》る」と書いてある。そうして附《つけ》たりに、その薬を飲んだら一層良《いっそうよ》く治《なお》るということをいって、精神療法《せいしんりょうほう》、信仰療法《しんこうりょうほう》を勧《すす》めて、心の作用《さよう》で病気を治《なお》しておいて、その治《なお》った治験例《ちけんれい》を掲《かか》げて、薬で治《なお》ったように装《よそお》い薬代《くすりだい》だけを有《あり》田《た》の方《ほう》へせしめている。「病気は自然《しぜん》が治《なお》して、謝礼《しゃれい》は医者《いしゃ》が取る」という諺《ことわざ》がありますが、これは「病気は心が治《なお》して、治《なお》ったお代《だい》は薬屋《くすりや》に払《はら》う」というようなことになっているのであります。だから有田《ありた》ドラッグはなかなか賢《かしこ》い、必《かなら》ずしも世《よ》の中《なか》に害毒《がいどく》ばかり流しているということはないのであり

「有田ドラッグ」　有田音松が神戸で創業した薬屋。樺太から台湾まで全国ネットを形成していた。積極的な新聞広告を展開した

治験例　病気が治った例

せしめる　うまく立ち回って自分のものにする。横取りする

ます。世間《せけん》には病気《びょうき》が治《なお》るということを新聞《しんぶん》に発表《はっぴょう》すると何《なに》か下品《げひん》なことのように思うている人《ひと》があるが、これは実《じつ》に間違《まちが》ったことであります。というのは医学博士《いがくはくし》が病気を治《なお》したという治験例《ちけんれい》をば医事雑誌《いじざっし》にずっと並《なら》べたら、誰《たれ》が下品であるといいますか。医学博士《いがくはくし》が動物《どうぶつ》を色々《いろいろ》と解剖《かいぼう》してみたり、物質的《ぶっしつてき》の実験《じっけん》をやってみたりして形而下《けいじか》のことを列《なら》べて、形《かたち》のある物質《ぶっしつ》を使用《しよう》して病気を治《なお》した実例《じつれい》を列《なら》べますと、大衆《たいしゅう》は如何《いか》にも仰々《ぎょうぎょう》しく科学《かがく》であると歎称《たんしょう》するのでありますが、それならば、生長《せいちょう》の家《いえ》が薬《くすり》を使わないで、唯《ただ》その発行書《はっこうしょ》を読んだだけで病気が治《なお》るというような、在来《ざいらい》の常識《じょうしき》を覆《くつが》えすような治験例を発表し得《え》たならば、これは医学博士《いがくはくし》よりも一層偉《いっそうい》大《だい》なるものであるといって、皆《みな》さんは讃歎《さんたん》しなければならないはずなのであります。それにもかかわらず、病気の治験例を発表するということはこれは下品である、有田《ありた》ドラッグのようであるなどということは、実《じつ》に偏見《へんけん》に執《とら》われた批評《ひひょう》なのであります。むしろ新聞に発表して下品なのは人殺《ひとごろ》しや盗賊《とうぞく》や

形而下　形を備えて感覚によって知ることのできるもの。自然現象や社会現象など

歎称　感心してほめたたえること

在来　これまであった

強姦《ごうかん》や色々《いろいろ》の悪徳《あくとく》の記事《きじ》である。病気《びょうき》の流行《はや》るというような恐怖《きょうふ》をそそる記事も人々《ひとびと》に悪感《あっかん》を与えて下品《げひん》である。しかしそういう記事をのせている新聞《しんぶん》を見ても下品だといわないで、どんな病気でも心の持方《もちかた》で治《なお》るという気持《きもち》の好《よ》い治験例《ちけんれい》を発表する記事を下品視《げひんし》するのは人間《にんげん》の頭《あたま》が悪いからであります。

釈迦《しゃか》が悟《さとり》に入《い》られた最初《さいしょ》の動機《どうき》は何《なん》であったかと申《もう》しますと、生《しょう》・老《ろう》・病《びょう》・死《し》の四苦《く》を観《み》て、これを解脱《げだつ》することを考えなくてはならないということを思い付かれて、そうしてそれを解脱《げだつ》する道《みち》を得《え》られたのであります。吾々《われわれ》が生老病死《しょうろうびょうし》の四苦《く》に躓《つまず》くことによって、それを機縁《きえん》として、自分《じぶん》の実相《じっそう》が仏《ほとけ》であるということを悟《さと》らせられるということは、実際釈迦《じっさいしゃか》でさえもそうであったのであります。況《いわ》んや、吾々《われわれ》がこの病気というもの、或《あるい》は生活難《せいかつなん》というもの、人生苦《じんせいく》というものなどに臨《のぞ》んでいる——その契機《けいき》を利用《りよう》して、それを解決《かいけつ》する道がここにあるということを広告《こうこく》によって知らして、そうし

機縁　きっかけ。縁

契機　きっかけ。動機

て吾々《われわれ》の団体《だんたい》へ呼《よ》び寄《よ》せてきて、真理《しんり》を知らせ実相《じっそう》を悟《さと》らせるということはこれ実《じつ》に仏《ほとけ》さんの有難《ありがた》い慈悲《じひ》の現《あらわ》れであるといわなければならないのであります。人《ひと》はこの病気《びょうき》の治《なお》るという治験例《ちけんれい》を発表《はっぴょう》する事《こと》は如何《いか》にも下品《げひん》な事とお考えになるのであります。そして、吾々《われわれ》も、物質《ぶっしつ》なる肉体《にくたい》の治《なお》るとか治《なお》らぬとかいうような小さい事を問題《もんだい》にしていないのでありますけれども、物《ぶっ》質上《しつじょう》の御利益《ごりやく》などは問題とするに足らぬと思いながらも、現世《げんせ》の苦悩《くのう》に悩《なや》んでいる人がある以上《いじょう》、その現世《げんせ》苦悩の低さまで降《お》りて行《い》ってあげなければ人を救《すく》う事が出来《でき》ないので、それで上品《じょうひん》だとか下品だとか、そういうことを考えないで、自分《じぶん》も一旦《いったん》人の所《ところ》へ降りて行《い》って、病気本来無《ほんらいな》いという事を知らせ、病気が治《なお》ったという治験例を発表して、一般《いっぱん》の人に呼《よ》びかけ、病人《びょうにん》に呼びかける。救わるべき相手《あいて》は迷《まよ》える人、病《や》める人である。迷っている人にはしばらく迷いの相《すがた》を現《あらわ》して、そうしてそれらの人を一段《だん》高い所へ引上《ひきあ》げるというのが仏《ほとけ》の自由自在《じゆうじざい》な慈悲《じひ》の働《はたら》きなのであります。

『法華経《ほけきょう》』の中《なか》に「長者窮子《ちょうじゃぐうじ》」の譬《たとえ》がある。或《あ》るところに金持《かねもち》があって、その家《いえ》の後継《あとつ》ぎの息子《むすこ》が家出《いえで》をして、諸方《しょほう》を流浪《るろう》してルンペンになってそうして彷徨《さまよ》うていたが、とうとうまた故郷《こきょう》へ帰って来た。どこへも寄《よ》る辺《べ》がないので、自分《じぶん》の故郷の親《おや》の家《いえ》の門《もん》から、ふと覗《のぞ》いて見ましたら、そのお金《かね》持《もち》が大勢《おおぜい》の召使《めしつかい》をずっと列《なら》べて、如何《いか》にも王様《おうさま》のような姿《すがた》をして坐《すわ》っている。その姿を見た時《とき》に、自分のようなルンペンの、破《やぶ》れた半纏《はんてん》を着たこんな男が、こんなところでうろうろしておったら家来達《けらいたち》に捕《とら》えられてどんなひどい目に遇《あ》うかも知れないと逃《に》げ出《だ》した。そうすると、王様は一目《ひとめ》見ると、「あれは自分の子である、本当《ほんとう》の子はあの子のほかにはない、自分の全財産《ぜんざいさん》を譲《ゆず》るべきはあの子である。自分の全財産の持主《もちぬし》は本当はあの子なのである、あれを呼《よ》び戻《もど》せ、あれにこの財産《ざいさん》を与えるのである」とこういった。ところが家来達が追っかけて行《ゆ》くと、ルンペンは益々《ますます》恐怖《きょうふ》を感《かん》じて、とうとうびっくりして、目を廻《まわ》して倒《たお》れてしまった。皆《みな》が寄《よ》って介抱《かいほう》をしてようや

流浪　住む所を定めず、さまよい歩くこと。さすらうこと

ルンペン　lumpen　ドイツ語。収入がなく、ぼろをまとってうろつき歩く者。浮浪者

寄る辺がない　身を寄せる所がない

く気が付いた。ところで、立派《りっぱ》な服装《ふくそう》の高位高官《こういこうかん》の家来《けらい》のような姿《すがた》をしておったら、何《なに》か自分《じぶん》を取押《とりおさ》えるためにでも来《き》たように思って恐《こわ》がるから、その家来は父の長者《ちょうじゃ》の命《めい》によって方便《ほうべん》を設けて見窄《みすぼ》らしい服装をし、「こういう土方仕事《どかたしごと》の下《くだ》らない仕事《しごと》があるのだが、君《きみ》一つ働《はたら》かないか」といったら、そのルンペンも安心《あんしん》して土方《どかた》をしている。そうして、少し働いている中《うち》に少し位《くらい》を上《あ》げて土方《どかた》の頭《かしら》にする、もうしばらく働いていると監督《かんとく》にするというような塩梅式《あんばいしき》に、だんだん出世《しゅっせ》さして、高い位《くらい》になってきた時分《じぶん》に、もうお前《まえ》は長者の後継《あとつぎ》であるといってやっても恐《おそ》れて逃《に》げない時《とき》が来《く》る。その時になって初《はじ》めて、お前は私の本当《ほんとう》の子である、自分《じぶん》の全財産《ぜんざいさん》はお前のものであると、こういう具合《ぐあい》に長者がいわれたという話がありますが、光《こう》明思想《みょうしそう》の普及《ふきゅう》のやり方《かた》もそれと同じことである。吾々《われわれ》は初めから「人間《にんげん》は神の子である、仏《ほとけ》である、すでに救《すく》われているのである。」こう教《おし》えてあげても、「そんな馬鹿《ばか》なことがあるものか、自分は現《げん》に病気《びょうき》で困《こま》っている、貧乏《びんぼう》

土方　土木工事に従事する作業員

塩梅式　具合、ようす

で困《こま》っている」と反駁《はんばく》する。中《なか》には「そんな迷信《めいしん》があるものか」といって逃《に》げ出《だ》す人《ひと》もいる。そういう人に対《たい》しては、やはりこちらが下《した》まで降《お》りて行《い》って、そうして土方《どかた》の親方位《おやかたぐらい》に化《ば》けて行《い》って、「あんたは病気《びょうき》か、病気なら病気を治《なお》すえらい便利《べんり》なものがあるぜ。こういう本を読んだら治《なお》る、たった五銭《せん》で一冊《さつ》のパンフレットを読んで治《なお》った人もたくさんある。どこの誰《たれ》もこうである、どこの何《なに》さんもこうである」と実例《じつれい》を挙《あ》げる。すると「そうか、そういう結構《けっこう》な薬《くすり》があるのなら」と読んでみると、読むにつれて、「なるほど自分《じぶん》は神の子である、病気は本来無《ほんらいな》い」ということがちゃんと悟《さと》れるようになっている。救《すく》わるべき相手《あいて》の高さの程度《ていど》まで降りて行《ゆ》く、これが仏様《ほとけさま》の本当《ほんとう》の慈悲《じひ》の働《はたら》きであって、下品《げひん》なように見えているけれども、下品なように現《あらわ》れなければ救われない人に対《たい》しては、吾々《われわれ》はそういう相《すがた》を現《あらわ》して救うほかはない。これが菩薩行《ぼさつぎょう》である。観世音菩薩《かんぜおんぼさつ》が三十三身《しん》に身《み》を変《へん》じて衆生《しゅじょう》をお救い下《くだ》さるというのもみなそれである。維摩詰《ゆいまきつ》が自《みずか》ら身《み》に病《やまい》を現《あらわ》してそ

五銭　現在の約百～百五十円に相当する。一銭は一円の百分の一

観世音菩薩　一般にひろく崇拝されている菩薩。大慈大悲に富み、三十三の姿に変じて人間の一切の悩み苦しみを除くとされる

維摩詰　『維摩経』に登場する主人公。在家のまま菩薩の道を行じ、文殊菩薩と問答を交わした

うして本来病無《ほんらいやまいな》き所以《ゆえん》をお説《と》きになったという事《こと》が、『仏説維摩経《ぶっせつゆいまきょう》』に書いてある。これもやはりお釈迦様《しゃかさま》がお説きになった教《おしえ》である。キリスト教《きょう》の聖《せい》書《しょ》の中《なか》には、キリストが病気《びょうき》を治《なお》し給《たま》うた記録《きろく》がたくさんある。ところが、生長《せいちょう》の家《いえ》で病気が治《なお》ったという事実《じじつ》を発表《はっぴょう》すると、多くの仏教者《ぶっきょうしゃ》やクリスチャンやそのほか色々《いろいろ》の宗教家《しゅうきょうか》が「宗教《しゅうきょう》で病気が治《なお》るのは邪道《じゃどう》である」というふうなことをいって攻撃《こうげき》されるのであります。それならキリスト教は聖書に病気の治《なお》った話があるから邪教《じゃきょう》であり、釈迦《しゃか》は『維摩経《ゆいまきょう》』で病《やまい》を縁《えん》として実相《じっそう》を説いたから仏教《ぶっきょう》は邪教だということになる。こういう観方《みかた》で行《ゆ》くと全《すべ》ての宗教は邪教に観《み》えて来《く》る。こういう人《ひと》こそ実《じつ》に気《き》の毒《どく》な人であって、自分《じぶん》の心の眼《め》が「邪教」であるから、全《すべ》ての教《おしえ》が邪教に見えるのであります。お釈迦様《しゃかさま》は「総《すべ》ての衆生《しゅじょう》を見ること一子羅睺羅《いっしらごら》の如《ごと》し」とこういう具合《ぐあい》にいっておられる。もしここに吾々《われわれ》が、自分の子供《こども》が病気をしているという時《とき》にこれを宗教で治《なお》してくれた人があったら「なんじゃあいつ、病気を

『仏説維摩経』 大乗経典。在家信者の維摩と釈迦の弟子・文殊菩薩との問答により一切の法はことごとく一つに帰することを説く

邪道 正しくない道

一子 ひとり子。ただ一人の子供

羅睺羅 釈迦の子。出家して弟子となり、釈迦の十大弟子の一人となった

治《なお》しやがって邪道《じゃどう》である」と罵倒《ばとう》し得《う》る父親《ちちおや》、母親《ははおや》があり得《う》るでしょうか。そうしたならば、多くの人類《じんるい》が生長《せいちょう》の家《いえ》によって治《なお》されているという事実《じじつ》を見て、多くの人類は総《すべ》て自分《じぶん》の一子羅睺羅《いっしらごら》の如《ごと》しであるから、救《すく》わなければならぬ子であると思うているはずの宗教家《しゅうきょうか》たるものが、自分の子供《こども》と同様《どうよう》な衆生《しゅじょう》が、生長の家によって病気が治《なお》っているという事実に対《たい》しては、「ああ有難《ありがた》い、私が行《い》って世話《せわ》してあげなくちゃならないところを生長の家が治《なお》してくれたのだ、有難《ありがた》い」という気持《きもち》になるのであってこそ、これ仏《ほとけ》様《さま》の心なのであります。ところが、自分の子供同様《どうよう》救わなければならない衆生《しゅじょう》が、生長の家で病気が治《なお》っている――その事実を見て、「なんじゃ、あんなところに行《ゆ》きやがって、病気治《なお》しやがって……」と、鬼《おに》のような心を以《もっ》て、そうして本当《ほんとう》に救う働《はたら》きを現《あらわ》している、観世音菩薩《かんぜおんぼさつ》の働きを現《あらわ》している「生長の家」に対《たい》して詛《のろ》いの言葉を投げかけるような宗教家があるというようなことは、彼《かれ》が宗教家であるのか、地獄《じごく》からの使者《つかい》であるのか、実《じつ》に嘆《なげ》か

罵倒　激しい言葉でののしること

わしい次第《しだい》であると思うのであります。

十三　皇室及《こうしつおよ》び一家《いっか》の祖先《そせん》を礼拝《らいはい》せよ

十三、吾《われ》らは生命《せいめい》は永遠《えいえん》なるを信じ、毎朝《まいあさ》、皇霊《こうれい》を遥拝《ようはい》し奉《たてまつ》り、次《つい》で一家の祖先の霊魂《れいこん》を祀《まつ》れる祭壇又《さいだんまた》は仏壇《ぶつだん》の前《まえ》に坐《ざ》してその冥福《めいふく》と守護《しゅご》を祈願《きがん》し、且《かつ》自己《じこ》の生命《せいめい》も永遠なれば常《つね》に若く愉快《ゆかい》に青年《せいねん》の如《ごと》く生《い》きんことを期《き》す。

この吾々《われわれ》の生命《せいめい》が永遠なる存在《そんざい》であるということは、生長《せいちょう》の家《いえ》の真理《しんり》の根本《こんぽん》を貫《つらぬ》くところのものであります。これがハッキリ判《わか》らなければ「皇霊《こうれい》を遥拝し」ということの意義《いぎ》もわかりません。皇霊《こうれい》を礼拝《らいはい》するということも虚《きょ》礼《れい》ではありません。色《いろ》いろの批判《ひはん》はあるにしても、吾々日本人《われわれにっぽんじん》は日本国《にっぽんこく》の歴《れき》史《し》を通《とお》して「今《いま》」の一点《てん》に生きているのです。そして色々《いろいろ》の日本国《にっぽんこく》の興隆《こうりゅう》

頭注版㉘六五頁

皇霊　歴代の天皇陛下の霊
遥拝　遠く離れた場所から拝むこと
冥福　死後の幸福
虚礼　形式だけで誠実さのない礼式
興隆浮沈　栄えたり衰えたりすること

浮沈《ふちん》はあったにしても、どんなときにも日本国《にっぽんこく》が動揺《どうよう》せずに、ここまで日本《にっぽん》民族《みんぞく》が発展《はってん》して来《き》ました不倒翁《おきあがりこぼし》の重心《じゅうしん》の如《ごと》くドッシリとして、その中心《ちゅうしん》からどんな時《とき》にも日本国《にっぽんこく》が立直《たちなお》ることが出来《でき》た重心は天皇《てんのう》がましましたからであります。吾々《われわれ》は歴代《れきだい》の天皇のこの御恩沢《ごおんたく》を忘れてはならない。恩《おん》を知るということが実践道徳《じっせんどうとく》と実践宗教《じっせんしゅうきょう》との中心になるのであります。だから吾々《われわれ》は歴代の皇霊《こうれい》に対《たい》して崇敬《すうけい》の誠《まこと》を捧《ささ》げるのであります。

仏教《ぶっきょう》では霊魂《れいこん》という言葉は使わないのであります。それで、「生長《せいちょう》の家《いえ》」で霊魂というような言葉を使うと、それは仏教と衝突《しょうとつ》するといって反対《はんたい》なさる方《かた》も時《とき》にはあるのであります。しかし仏教では「霊魂」という言葉を使わないけれども「神《かみ》」という言葉を使う。『無量寿経《むりょうじゅきょう》』にも釈迦《しゃか》が兜率天《とそつてん》宮《ぐう》より降《くだ》ってこの世《よ》に生《うま》れることを「兜率天《とそつてん》に処《しょ》して正法《しょうぼう》を弘宣《ぐせん》し、彼《か》の天宮《てんぐう》を捨《す》てて神《たましい》を母胎《ぼたい》に降《くだ》し、右脇《みぎわき》より生《しょう》ぜり」とあります。この「たましい」という字は「神《じん》」という字を書いています。このように仏教も有霊魂《ゆうれいこん》

不倒翁　会津地方などに伝わる郷土玩具の一つ。人形の下部中心におもりを仕込み、倒してもすぐに起き上がるようにしたもの
まします　いらっしゃる
御恩沢　めぐみ。いつくしみ。おかげ
崇敬　心から尊敬してあがめること
兜率天　天界の一つ。外院には天人が住む。内院には将来仏になるべき菩薩が住む。釈迦もここで修行していた。現在は弥勒菩薩が住むとされる
正法　仏教の正しい教え
弘宣　仏の教えを世間に説き弘めること

論《ろん》なのですから撲滅《ぼくめつ》しないでよろしいのであります。一昨日《さくじつ》でしたかラジオで、誰《たれ》かが日蓮上人《にちれんしょうにん》の遺文録《いもんろく》の講義《こうぎ》をしておられた時《とき》に、ふとスイッチを拈《ひね》ったのであります。滅多《めった》にラジオのスイッチを拈《ひね》ったことはなかったのですけれども、その時何《ときなん》だか拈《ひね》ってみたくなって聞きましたら、その中《なか》で、日《にち》蓮上人《れんしょうにん》が龍《たつ》ノ口《くち》で斬罪《ざんざい》に遇《あ》うところの講義に「自分《じぶん》はたといこうしてここで斬罪に遇《あ》って死んでも、魂魄《こんぱく》この世に止《とど》まって云々《うんぬん》」ということを日蓮《にちれん》上人《しょうにん》がいわれたそうです。それは何《なん》でも『開目鈔《かいもくしょう》』にある言葉らしいのですが、確《たし》かに「魂魄《こんぱく》」というものを日蓮上人《にちれんしょうにん》は認《みと》めておられた。これはやはり我々《われわれ》のいう「霊魂《れいこん》」の異名《いみょう》なのであります。また仏教では霊魂という言葉を使わないで、「有《う》」という字を使うこともあります。即《すなわ》ち吾々《われわれ》の死んで行《ゆ》く世界《せかい》を「有《う》」と名づけてありまして、六道《どう》を二十五有《う》にわけるというふうなことをやっておる。そうして仏教では、吾々《われわれ》の肉体《にくたい》が滅《めっ》して四十九日《にち》の間《あいだ》は中有《ちゅうう》に迷うという言葉を使っておるのであって、まだその「二十五有《う》」

遺文録　日蓮が書き残した論文、書簡、図録、写本や注釈類

龍ノ口　現在の神奈川県藤沢市にあった地名。文永八年、日蓮上人が『立正安国論』で鎌倉幕府に禅宗、浄土宗などの禁止を建白して罪に問われ、斬罪に処されようとした「龍ノ口法難」の地

魂魄　たましい

『開目鈔』　文久九年成立。日蓮著。佐渡の配所で執筆された仏教書。龍ノ口の法難等を顧みて、『法華経』の行者としての自らの信仰を述べている。身延山久遠寺に伝わっていた真筆本は明治八年に焼失した

六道　生前の業因によって生死を繰り返す六つの迷いの世界。地獄・餓鬼・畜生・阿修羅・人間・天上。「ろくどう」とも「りくどう」とも読む

の中《なか》のどこへ行《ゆ》くか決まっていない間《あいだ》が四十九日《にち》ある、その四十九日間《にちかん》を中《ちゅう》有《う》に迷《まよ》って家《いえ》の棟《むね》にふらふらとしている。それからその期間《きかん》が過《す》ぎると、その期間が満《み》ちたというので「満中陰《まんちゅういん》」と称《しょう》し「満中陰志《まんちゅういんのこころざし》」というのを配《くば》ったりします。その時期《じき》が来《く》るとお前《まえ》は前世《ぜんせ》の業《ごう》がこうだから六道《どう》のうちのどの道《みち》を行《ゆ》けということは前世《ぜんせ》の業《ごう》に従《したが》い、自然《しぜん》の摂理《せつり》に従って未来世《みらいせ》の行《ゆ》くところが定《きま》ってくるのであります。ところでこの「有《う》」というのは何《なん》であるかというと「仮存在《かりそんざい》」である。本来久遠《ほんらいくおん》生《い》き通《とお》し常恒《じょうこう》の存在《そんざい》であるところの「生命《せいめい》」が、因縁《いんねん》によって仮存在《かりそんざい》として、アチラに現《あらわ》れたり、コチラに現《あらわ》れたりする、これが輪廻転生《りんねてんしょう》というものであります。「実相《じっそう》の生命《せいめい》」には来世《らいせ》ということはない、生《う》まれ更《かわ》るということはないのでありますが、仮存在《かりそんざい》としての生命《せいめい》は生《う》まれ更《かわ》るのであります。そうしてこの肉体《にくたい》の世《よ》というものもこの仮存在《かりそんざい》の一《ひと》つであります。さて、その仮《かり》の世《よ》というものが何《なん》で出来《でき》ているかと申《もう》しますと、業《ごう》で出来ているのです。業《ごう》というのは何《なん》であるかという

二十五有　仏教語。衆生が流転輪廻する生死の三界(欲界・色界・無色界)をさらに細分して二十五と数えた語

中有　仏教語。肉体の死後、霊魂の行き先が決まるまでの期間。七日間を一期とし、第七の四十九日まで。中陰

摂理　万物を統治している法則

常恒　いつも変わらないこと

輪廻転生　仏教語。肉体死後の霊魂が生まれ変わり、死に変わること

と、「念波《ねんぱ》」であります。「念波《ねんぱ》」の集積《しゅうせき》が業《ごう》であります。それで、吾々《われわれ》の肉体《にくたい》というものは、科学的《かがくてき》にはこれは物質《ぶっしつ》の体《たい》で、物質の体《たい》とは何《なん》であるかというと、エーテルの波《なみ》の中《なか》に出来《でき》た渦巻《うずまき》の塊《かたまり》である。そのエーテルも本《ほん》来無《らいな》いというような最近《さいきん》の説《せつ》までありますが、結局《けっきょく》「何《なに》もないもの」無《む》の一種《しゅ》の波であるということになっているのであります。そんなわけで、この肉体というものも何《なに》もないものも一種の波であるのでありますが、肉体として現《あらわ》れている波と、霊魂《れいこん》の体《たい》として現《あらわ》れている波とがあるのです。眼《め》に見える波動《はどう》(即《すなわ》ち肉体)だけを存在《そんざい》すると思ってはなりません。眼《め》に見えない、吾々《われわれ》の五官《ごかん》に触《ふ》れない無数《むすう》の波動が存在するということを知らねばなりません。赤外線《せきがいせん》でも紫外線《しがいせん》でも眼《め》に見えませんが、眼《め》に見える可視的光線《かしてきこうせん》よりも却《かえ》って強い働《はたら》きを現《あらわ》すのであります。吾々《われわれ》はこの地上《ちじょう》の生活《せいかつ》に於《おい》ては肉体という眼《め》に見える波動的体《はどうてきたい》を現《あらわ》して、この物質界《ぶっしつかい》という波に触れることによって、この波の世界《せかい》ならでは体験《たいけん》することの出来ない経験《けいけん》を得《え》て、だんだ

集積　集まって積もること

赤外線　太陽から受ける電磁波のうち、人間の目に見える光である可視光線よりも波長の長いもの

可視的光線　電磁波のうち、人間の目に感じることのできる光線。可視光線

ならでは　…でなかったならば

ん修行《しゅぎょう》しつつ、この地上《ちじょう》の生活《せいかつ》によって「有《う》」の第《だい》一段階《だんかい》を終えると、今《こん》度《ど》は肉体《にくたい》という粗雑《そざつ》な波動《はどう》の体《たい》を脱《ぬ》いで、そうして一層精妙《いっそうせいみょう》な霊体《れいたい》の波《なみ》だけになるのであります。これがいわゆる日蓮上人《にちれんしょうにん》のいわれた「魂魄《こんぱく》」であり、霊体の波だけになってそうして色々《いろいろ》また霊界《れいかい》に於《お》て活動《かつどう》するということになるのであります。吾々《われわれ》の祖先《そせん》も肉体を滅《めっ》しても霊体の波はやはり存在《そんざい》しておりますので、その霊体の波たるや、その人《ひと》の悟《さと》りの程度《ていど》に従《したが》って千差万《せんさばん》別《べつ》の状態《じょうたい》を現《あらわ》しているのであります。それは現世《げんせ》に於《お》てもこの肉体という波動的存在《はどうてきそんざい》がその人の悟りの程度に従って色々の波を現《あらわ》して、健康《けんこう》であったり病気《びょうき》を顕《あら》わしたりしているのと同じことであります。

　吾々《われわれ》はこの肉体を、例《たと》えば画家《がか》の描《えが》く板《いた》の画布《カンバス》とでも考えればちょっと感《かん》じが出るのであります。最初吾々《さいしょわれわれ》は板製《いたせい》のごつごつしたカンバスによって、吾々《われわれ》が色々と絵を描《えが》く稽古《けいこ》をする。それから少し上達《じょうたつ》して来《き》たら、その後《ご》は粗布《そふ》のカンバスに絵をかいて稽古をする。その稽古が済《す》んだら、今度《こんど》は又《また》

精妙　非常にすぐれて巧みなこと

粗布　織り目のあらい布。粗末な布

別《べつ》の布《ぬの》、各々個性《おのおのこせい》に合った布のカンバスで描《か》くようにする。絵を描《か》く素地《きじ》になるカンバスの肌理《きめ》に従《したが》い、同じ画家《がか》が描《か》いても味《あじわ》いがちがい、感《かん》じのちがう絵が出来《でき》て来《く》る。つまり境《きょう》を異《こと》にすると、表現《あらわれ》が変《かわ》って来《く》るのであります。それで、同じ生命《せいめい》でも物質世界《ぶっしつせかい》に描《えが》く波動《はどう》の体《たい》と、霊界《れいかい》に描《えが》く波動の体《たい》とは手《て》ざわりが違《ちが》う。五官六感《ごかんろっかん》への触《ふ》れ方《かた》がちがう。物質世界というカンバスに描《えが》かれた波動の体《たい》が肉体《にくたい》であり、一層《いっそう》やわらかい画布《カンバス》の上《うえ》に描《えが》かれた波動の体《たい》が、霊体《れいたい》であるということになるのであります。ところで、この「波動の体《たい》」というものは生命《せいめい》が描《えが》いたところの絵なんでありますから、やはり板《いた》のカンバスに描《えが》いても、布カンバスに描《えが》いても、下手《へた》な人《ひと》は下手《へた》であり、上手《じょうず》な人は上手《じょうず》である。或《あるい》はその個性も現《あらわ》れているのであって、粗布《そふ》に描《か》いたから個性が現《あらわ》れない、板に描《か》いたから個性が現《あらわ》れるということはない、みな一様《いちよう》にその人の心の具象化《ぐしょうか》が現《あらわ》れるのであります。

ですから、吾々《われわれ》が霊界《れいかい》に行《ゆ》きましても、この世《よ》で生活《せいかつ》が下手《へた》な人は霊界で

素地　手を加えていないもとのままのもの。生地(きじ)
肌理　物の表面のこまやかさ
六感　五官とは別の第六番目の感覚。インスピレーション
具象化　形になってあらわれること

も生活《せいかつ》が下手《へた》である。霊界《れいかい》で病気《びょうき》している霊魂《れいこん》もあれば、悩《なや》んでいる霊魂もある。それはちょうど、下手《へた》な画家《がか》であれば板《いた》の上《うえ》に描《か》いても布《ぬの》カンバスに描《か》いても、依然《いぜん》として下手《へた》であるというのと同じようなわけでありますなのであります。ですから吾々《われわれ》が自身又《じしんまた》は他《ひと》の霊界《れいかい》に於《お》ける生活状態《せいかつじょうたい》というものを良《よ》くしようと思うと、やはり、どんなカンバス——現世《げんせ》とか来世《らいせ》とかいうカンバスがどんなに変《かわ》っても——どんな画布《カンバス》の上《うえ》に描《か》いても、いい絵が描《か》けるようにしておかなくちゃならない。吾々《われわれ》は「現世《げんせ》」とか「来世《らいせ》」とかいうカンバスに何《なん》で絵を描《か》くかというと、念波《ねんぱ》で絵を描《か》くのであります。念波《ねんぱ》という絵具《えのぐ》を以《もっ》て絵を描《か》くのでありますから、その念波《ねんぱ》を善《よ》くし、又《また》よくしてあげることが必要《ひつよう》であるのであります。最《もっと》も好《よ》い念波《ねんぱ》は何《なん》であるかと申《もう》しますと、悟《さと》りの念波《ねんぱ》、真理《しんり》の念波《ねんぱ》なのであります。この真理の念波《ねんぱ》を人《ひと》に与えるということ、これが仏教《ぶっきょう》でいう法施《ほうせ》というものでありまして、最も尊《とうと》い施《ほどこ》しでありますます。吾々《われわれ》は人に物《もの》を施すのは、物施《ぶっせ》といって物を施すのと、それから法施《ほうせ》といって悟《さと》りの念波《ねんぱ》を施《ほどこ》すのとがありますが、真理《さとり》の念波《ねんぱ》を施すということが本当《ほんとう》の最《もっと》も根本的《こんぽんてき》な供養《くよう》になるのであります。

無論《むろん》、吾々《われわれ》は霊界《れいかい》へ行《ゆ》きましても、しばらくの間《あいだ》はこの地上《ちじょう》に於《お》ける薫《くん》習《じゅう》が脱《ぬ》けないのでありまして、地上に於《おい》て御飯《ごはん》を食べておったような霊魂達《れいこんたち》は、霊界へ行《い》っても「御飯《ごはん》を食べたいな」というふうな感《かん》じがするのであります。そういう霊魂達に対して食物《しょくもつ》を御供《おそな》えしてあげるということは必要《ひつよう》であります。「食物《しょくもつ》をお供《そな》えしても、お下《さが》りを見ると何《なに》も食《く》っておらん、何《なに》も食っておらんからあんなことは唯《た》だ形式的《けいしきてき》である」とこうお考えになる人《ひと》もあります。けれども本当はそうじゃない。霊魂《れいこん》は何《なに》を食べるかというと、吾々《われわれ》がこれをお供《そな》え申《もう》したいという「念波《ねんぱ》」を食べるのであります。それで林檎《りんご》なら林檎《りんご》を吾々《われわれ》が持って行《い》って「林檎《りんご》をお供《そな》え致《いた》します」と、本当にその念《ねん》を切実《せつじつ》に念《ねん》ずると、吾々《われわれ》の心に林檎《りんご》というものが念《ねん》によって描《えが》かれ、そうして念《ねん》に描《えが》かれた林檎《りんご》と、あの人にあげたいという即《すなわ》ち念送《ねんそう》の原動力《げんどうりょく》と

薫習　仏教語。香気が衣服に移りしみこんでその衣服自身が香気を出すに至るように、心にしみついた習慣性

念送　思い浮かべた念を相手に送ること

なる念《ねん》とが結合《けつごう》する。すなわち林檎《りんご》を祖先《そせん》の霊《みたま》に送ろうという念波《ねんぱ》の放送《ほうそう》により、供《そな》える人《ひと》の念《ねん》にて造《つく》られた林檎《りんご》というものが霊魂《れいこん》の世界《せかい》へ念波《ねんぱ》の放送に乗って行《ゆ》くということになるのであります。すると霊界《れいかい》には念《ねん》によって仮《け》作《さ》せられた林檎《りんご》が出来上《できあが》る、そうすると「あれは私に供《そな》えて下《くだ》さったのだから頂《いただ》こう」という気が起《おこ》ると、すっと自分《じぶん》の口へ入《はい》ってしまって、そうして「おいしい、ああ満腹《まんぷく》した」という気持《きもち》が起《おこ》るのであります。その状態《じょうたい》は『無量寿経《むりょうじゅきょう》』に書かれている極楽浄土《ごくらくじょうど》の状態のようなものであります。霊界は念波《ねんぱ》で作られた世界《せかい》であって、吾々《われわれ》は供養《くよう》の念《ねん》を供《そな》えて、供養《くよう》の念《ねん》を食べて頂くということになるのであります。無論《むろん》もっと向上《こうじょう》した霊魂――肉《にく》体《たい》は無《な》い、何《なに》も食べなくても吾々《われわれ》は神の生命《せいめい》によって生《い》かされているのであるという自覚《じかく》を得《え》た霊魂達《れいこんたち》は決《けっ》して何《なに》も食べたいとは思わないのでありますけれども、しかし、自分《じぶん》に対《たい》する愛念《あいねん》を以《もっ》て供《そな》えて下《くだ》さったという愛の念《こころ》はやはり喜《よろこ》びとなり、その人を生長《せいちょう》させるということになるのでありま

仮作　仮に作り出すこと

す。霊界《れいかい》は念《ねん》の世界《せかい》であって霊魂達《れいこんたち》というものは何《なに》を食物《しょくもつ》として生きているかというと、念《ねん》を食物《しょくもつ》として生きているのです。善念《ぜんねん》は最《もっと》も霊魂《れいこん》を生長《せいちょう》せしめる滋養物《じようぶつ》となるし、悪念《あくねん》は霊魂を低下《ていか》せしむる害物《がいぶつ》となるわけでありますです。ですから、吾々《われわれ》が近親者《きんしんしゃ》が旅行《りょこう》でもするという時《とき》に、陰膳《かげぜん》というのを据《す》える人《ひと》がある。あれもまた甚《はなは》だ好《よ》いことであって、迷信《めいしん》ではないのでありますす。その人を目当《めあ》てに陰膳《かげぜん》を据《す》えて、「どうぞおあがり下《くだ》さい。どうぞ健康《けんこう》でいらっしゃいますように……」と念《ねん》ずると、必《かなら》ずその念波《ねんぱ》がその人に通《つう》じて、その人が食物《しょくもつ》に不自由《ふじゆう》しない、或《あるい》は不自由するようなことがあってもあまり腹《はら》が減《へ》らないで、念波《ねんぱ》の食物《しょくもつ》を吸収《きゅうしゅう》しているから腹が減らないで、不思議《ふしぎ》に元気《げんき》で働《はたら》けるということになるのであります。そういうふうに霊魂の食物《しょくもつ》というものは、吾々《われわれ》から与えられる善念《ぜんねん》を以《もっ》て最も滋養物とするのであります。殊《こと》に、吾々《われわれ》が真理《さとり》の念波《ねんぱ》を放送《ほうそう》して、真理《さとり》の念波《ねんぱ》を相手方《あいてかた》の霊魂に吸収させてあげるということは霊魂には絶大《ぜつだい》な供養《くよう》になる。それですか

滋養物　体の栄養となる食物
陰膳　家を長く離れている人の無事を祈って供える食膳

ら、この『甘露《かんろ》の法雨《ほうう》』のようなお経《きょう》でも、『生命《せいめい》の實相《じっそう》』でも、また真理《しんり》が書いてあるものならキリスト教《きょう》の聖書《せいしょ》でも、仏教《ぶっきょう》のお経《きょう》でもよろしいのです。それを祖先《そせん》の霊魂《れいこん》に、意味《いみ》がわかって読んで誦《あ》げるということは大変《たいへん》よろしい。唯《ただ》、意味の分《わか》らぬ漢文《かんぶん》の棒読《ぼうよ》みを、何《なに》が何《なに》やら分《わか》らないで誦《あ》げているのでは、供養《くよう》の愛念《あいねん》の放送《ほうそう》としては幾分効果《いくぶんこうか》があっても、それはサトリの念波《ねんぱ》ではないから最高《さいこう》の救《すく》いにはならないのであります。最高の救いは、やはり真理のお経《きょう》を意味が本当《ほんとう》に分《わか》って読むに限《かぎ》るのです。そうしますとそのお経《きょう》を捧《ささ》げられる相手方《あいてかた》の霊魂は非常《ひじょう》に心が富《と》み、心が満腹《まんぷく》し、生命《せいめい》が生長《せいちょう》するということになるのであります。ですから吾々《われわれ》は暇《ひま》があれば朝晩《あさばん》は必《かなら》ず「祖先の霊魂の悟《さと》りの為《ため》の供養《くよう》として……」といって生長《せいちょう》の家《いえ》の聖経《せいきょう》『甘露《かんろ》の法雨《ほうう》』を誦《よ》むなり、先祖《せんぞ》から伝わっている宗教《しゅうきょう》の経典《きょうてん》を読むということにされることが祖先に対《たい》する子孫《しそん》の務《つと》めなのであります。よく病気《びょうき》の方《かた》で、あんたは祖先の障《さわ》りがあるからこれを誦《よ》んであげなさいと申《もう》します

障り　病気や不幸などを起こすこと

と、治《なお》ったら読まなくても好《よ》いかというようなことを考えておられる利己主《りこしゅ》義《ぎ》の人《ひと》がありますけれども、これは自分《じぶん》が病気《びょうき》でなくても、病気が治《なお》っても、治《なお》らなくとも吾々《われわれ》は祖先《そせん》というものがあって今《いま》ここに生きる機縁《きえん》を与えられているのでありますから、その祖先に対《たい》して吾々《われわれ》が供養《くよう》する、お経《きょう》をよんで真理《しんり》の念波《ねんぱ》を供養する、実相《じっそう》のサトリを供養するということは実《じつ》に大切《たいせつ》な子孫《しそん》の務《つと》めであります。この子孫の務めを行《おこな》うことその事《こと》が善事《ぜんじ》であって、その結果自然《けっかしぜん》と吾々《われわれ》に幸福《こうふく》が恵《めぐ》まれて来《く》るということは、これは副作用《ふくさよう》とでもいいますか、随伴的《ずいはんてき》な功徳《くどく》であって、その功徳《くどく》そのものを目指《めざ》すのではないのであります。しかし実際上《じっさいじょう》祖先に対してよく真理を施《ほどこ》しておられる人々《ひとびと》は、祖先の守護《しゅご》も多く、又《また》自分の善念《ぜんねん》の具象化《ぐしょうか》として不幸《ふこう》というものがないのであります。「生長の家《せいちょうのいえ》」へ毎日来《まいにちき》ておられます人達《ひとたち》をよく観察《かんさつ》致《いた》しますと、往々精神病者《おうおうせいしんびょうしゃ》の家族《かぞく》を持っておられるとか、或《あるい》は変《へん》な得体《えたい》の知れない病気——小児麻痺《しょうにまひ》であるとか、癲癇《てんかん》であるとか、舞踏病《ぶとうびょう》であると

随伴的　ある物事に伴って起こること

小児麻痺　中枢神経が冒されて手足に麻痺症状が起こる小児の疾患。ポリオ

癲癇　発作的に起こる脳の機能障害。意識障害や痙攣などを主症状とする

舞踏病　自分の意思に反して手足や顔が動く症状を呈する疾患

か、医者《いしゃ》の方《ほう》でちょっと原因《げんいん》不明《ふめい》な病気《びょうき》を持っておられる方《かた》が、その率《りつ》にしてクリスチャンの方《かた》に多いのであります。これは確《たし》かに率《りつ》が多いのでありますが、必《かなら》ずしも、これはキリスト教《きょう》そのものがわるいのではない。けれどもキリスト教が日本《にっぽん》に移入《いにゅう》されたのが極《きわ》めて近代《きんだい》である為《ため》に、祖先《そせん》の霊魂達《れいこんたち》がキリスト教というものを知らない。そしてまアお祖父《じい》さん、お祖母《ばあ》さん、その上《うえ》の曾祖父《ひいじい》さん辺《あたり》になると、その霊魂《れいこん》が霊界《れいかい》に於《お》てどういう信仰《しんこう》を持っているかというと、或《あるい》は神道《しんとう》であるとか、仏教《ぶっきょう》であるとかの信仰を持っていて、そうして耶蘇《やそ》という名前《なまえ》を聞くだけでも嫌《きら》いだというふうな、異教《いきょう》を毛《け》嫌《ぎら》いする霊魂達が先祖《せんぞ》に多いのであります。それもまた間違《まちが》ってはおるのでありますけれども、ともかくも日本人《にっぽんじん》の祖先の霊魂達の多数《たすう》は、国粋的《こくすいてき》とでもいいますか、ちょっと偏狭《へんきょう》な霊魂があるのでありまして、耶蘇《やそ》の耶《や》の字を聞くだけでも嫌いだというような人《ひと》の霊魂があります。今《いま》も七十歳《さい》、八十歳位《ぐらい》の人に聞いてみると、そういう風潮《ふうちょう》が随分《ずいぶん》その人達《ひとたち》の時代《じだい》にはある。

耶蘇　イエス・キリスト、またキリスト教信者を指す言葉として、日本では昭和初期頃まで使用された

国粋的　自分の国の固有の長所や美点を最もすぐれたものとするさま

七十歳、八十歳　本書執筆当時のこの年齢層は、おおむね江戸時代末期から幕末維新の頃にかけて生まれた人にあたる

偏狭　他を受け入れる度量が狭いこと

自分《じぶん》の子が耶蘇《やそ》になるとでもいったら、実《じつ》に穢《けが》れた異人種《いじんしゅ》にでもなり、四足《よつあし》にでもなるような気がする。可愛《かわい》い息子《むすこ》でも耶蘇教《やそきょう》を信ずる以上《いじょう》は止《や》むを得《え》ない、家《いえ》に入《い》れないで、勘当《かんどう》してしまうというふうな気持《きもち》をしている爺《じい》さん婆《ばあ》さんの霊魂《れいこん》もあるのであります。そういう霊魂達《れいこんたち》のいる霊界《れいかい》へ行《い》って、吾々《われわれ》の子孫《しそん》が耶蘇教《やそきょう》という名前《なまえ》を附《つ》けて入《はい》って往《い》ったら「えらいこいつは汚《けが》れた奴《やつ》になってきた」というような偏見《へんけん》を以《もっ》て毛嫌《けぎら》いして、容易《ようい》に子孫を霊界の生活《せいかつ》に馴《な》れるまで導《みちび》いてくれないのであります。「あいつはヤソになったから勘当する。」可愛《かわい》い息子の霊魂でも先輩《せんぱい》の霊魂から勘当同様《どうよう》の取扱《とりあつか》いを受けて構《かま》いつけてくれないと、霊界でどうして生活したら好《よ》いのだか、ちょっと事情《じじょう》がわからない、自分だけ一人《ひとり》ぼっち置去《おきざり》にされて、自分だけで修《しゅ》行《ぎょう》してコツコツやって行《ゆ》くより仕様《しよう》がないというような状態《じょうたい》になっているのも往々《おうおう》あるのであります。そういう霊魂は霊界の生活に戸惑《とまど》って早く悟《さと》り切《き》れない。その悟れない霊魂が、子孫に済《すく》われようと思って子孫に憑《かか》って来《く》

四足　獣類。けだもの

勘当　主君や親や師匠などが家来や子や弟子などを縁を切って追い出すこと

ると、そういう物質的《ぶっしつてき》には原因不明《げんいんふめい》な病気《びょうき》を現《あら》わすのであります。それですから小児麻痺《しょうにまひ》の人《ひと》を歩かしてみるとこんな手をブラブラさせた幽霊《ゆうれい》のような恰好《かっこう》をして歩いている。足もふらふらとして歩けない。あの小児麻痺《しょうにまひ》の歩く姿《すがた》を観《み》てごらんなさい。あれは幽霊の姿です。幽霊というものは、絵《え》で描《か》いても足がない、手も胸《むね》の前《まえ》でブラブラさせている。そういう恰好《かっこう》をしている亡者《もうじゃ》の霊魂《れいこん》が吾々《われわれ》に感憑《かんぴょう》すると、その念波《ねんぱ》の影響《えいきょう》を受けて、股関節《こかんせつ》の先天《せんてん》的脱臼《てきだっきゅう》とか、小児麻痺的現象《しょうにまひてきげんしょう》を起《おこ》すのであります。幽霊に足がないというのは、絵師《えかき》が勝手《かって》に描《か》いたように思うかも知れませんけれども、実際《じっさい》はそうじゃないのであって、幽霊には足がない。迷《まよ》っている幽霊にはまだ足のはっきりした自覚《じかく》が出来《でき》ていないのであります。吾々《われわれ》が霊界《れいかい》で備《そな》えているこの「念波《ねんぱ》の体《たい》」（霊体《れいたい》）というものは、自分《じぶん》の念《ねん》の自覚の程度《ていど》に従《したが》って現《あら》われているのでありますから、死の刹那《せつな》に意識《いしき》を失い、霊界に移転《いてん》して初《はじ》めて「我《われ》」という自覚が出来ると、頭《あたま》が先《ま》ず形《かたち》を現《あらわ》すのであります。それから、

亡者　死者。特に成仏できずに冥土に迷っている者

感憑　霊がとりつくこと。憑依。憑霊

脱臼　関節部分の骨同士が正しい位置関係を失っている状態

胴《どう》とか、手が出来《でき》て、それから最後《さいご》に足の自覚《じかく》が出来て足を現《あらわ》すというような具合《ぐあい》になる。自覚のはっきりしたところは、はっきりした姿《すがた》を現《あらわ》して、自覚のはっきりしないところは、はっきりした姿を現《あらわ》さないのであります。ですから、霊体《れいたい》は「頭部《とうぶ》」が先《さき》に出来て脚《あし》は一等後《とうあと》に出来る、それが出来ない迄《まで》の霊魂《れいこん》が足の無《な》い幽霊《ゆうれい》であります。それから大抵《たいてい》の人《ひと》は病気《びょうき》になると足が立たない、その記憶《きおく》が霊界《れいかい》まで持越《もちこ》して自分《じぶん》の足はふらふらしていると初《はじ》めから思うているのであります、そういうふうに、初めから足が立たない、ふらふらであると思うている霊魂は我《われ》は自由自在《じゆうじざい》なる神の子であるという悟《さと》りを開《ひら》くまではフラフラで足の形《かたち》が完全《かんぜん》に顕《あら》われないのであります。そういう霊魂の念波《ねんぱ》がひっかかってくるから、足が小児麻痺《しょうにまひ》や脊髄病《せきずいびょう》で動けないというようになるのであります。ところが、そんな霊魂たちに、「人間《にんげん》は本来《ほんらい》仏《ほとけ》であり、神の子であって、自由自在の存在《そんざい》である。肉体《にくたい》は無《な》い」ということを自覚させてあげますと、足がしゃんと立って、足の附《つ》いた幽霊が出来上《できあが》

脊髄病　背骨の中を通る灰白色の神経中枢の疾患

るわけである。そういう霊魂《れいこん》になると、神通自在《じんずうじざい》ということになるから、そういうその霊魂が吾々《われわれ》に憑《つ》いておっても足手纏《あしでまと》いにはならない、却《かえ》って吾々《われわれ》の扶《たす》けをしてくれるということになるのであります。

それですから、「生長《せいちょう》の家《いえ》」では、今《いま》までの宗教《しゅうきょう》を決《けっ》して排斥《はいせき》するということをしない。祖先《そせん》の宗教によって祖先を祀《まつ》りなさいということをいうのであります。葬式《そうしき》の場合《ばあい》にも、祖先からの宗教の坊《ぼう》さんを招《まね》いて、祖先伝来《そせんでんらい》の宗教の儀式《ぎしき》にして、祖先の宗教のお経《きょう》を誦《ず》してお葬式《とむらい》をしてもらいなさいとこういう具合《ぐあい》にお教《おし》えする。既成宗教《きせいしゅうきょう》のお坊さんが新興宗教《しんこうしゅうきょう》が勃興《ぼっこう》すると自分《じぶん》の宗教業《しゅうきょうぎょう》を奪《うば》ってしまうと思って生活権《せいかつけん》の擁護《ようご》のために無暗《むやみ》に反対《はんたい》なさる方《かた》があるかも知れませんが、「生長の家」に限《かぎ》ってそんなことはしないのであります。今《いま》まで物質科学者《ぶっしつかがくしゃ》が、霊魂なんてないものだ、肉体《にくたい》は滅《ほろ》んで灰《はい》になってしまったら、それでしまいになるのだなんていうふうに説《と》いておった科学者《かがくしゃ》こそ坊さんの職業《しょくぎょう》を奪うというふうになっておったかも知

神通自在　何事でも自由自在になること

勃興　急に勢いが強くなり栄えること

れないけれども、「生長《せいちょう》の家《いえ》」は決《けっ》してどの宗教《しゅうきょう》からも職業《しょくぎょう》を奪《うば》うということをしない、却《かえ》って他《た》の宗教を生《い》かす。祖先《そせん》の信奉《しんぽう》しておったところの宗教を生かすということによって、先《ま》ず第《だい》一祖先と和解《わかい》するのであります。祖先と和解し、祖先の信仰《しんこう》と和解し、――唯《た》だ和解するだけでなしに、その祖先の信仰に光《ひかり》を与え、生命《せいめい》を与え、祖先を済《すく》い、そうして一家《いっか》を光明化《こうみょうか》し自分自身《じぶんじしん》をも済《すく》うというのが「生長の家」であります。

第四十三巻索引

＊頻度の多い項目は、その項目を定義、説明している箇所を主に抽出した。
＊関連する項目は→で参照を促した。
＊一つの項目に複数の索引項目がある場合は、一部例外を除き、一つの項目にのみ頁数を入れ、他の項目には→のみを入れ、矢印で示された項目で頁数を確認できるよう促した。（例　「神の愛」「実相の浄土」等）

〔あ〕

〔い〕

〔き〕

〔く〕

〔け〕

〔こ〕

〔さ〕

〔し〕

〔す〕

〔せ〕

〔そ〕

〔た〕

〔ち〕

〔つ〕

〔て〕

〔と〕

〔な〕

〔に〕

〔ぬ〕

〔ね〕

〔の〕

〔は〕

〔ひ〕

〔ふ〕

〔へ〕

〔ほ〕

〔ま〕

〔み〕

〔む〕

〔め〕

〔や〕

〔ゆ〕

〔よ〕

〔ら〕

〔り〕

〔る〕

〔れ〕

〔ろ〕

〔わ〕

箴言・真理の言葉

新編《しんぺん》 生命《せいめい》の實相《じっそう》 第四十三巻 久遠仏性篇《くおんぶっしょうへん》

常楽宗教《じょうらくしゅうきょう》の提唱《ていしょう》(中)

令和二年十一月二十五日 初版発行

著　者　谷口雅春《たにぐちまさはる》

責任編集　公益財団法人 生長の家社会事業団 谷口雅春著作編纂委員会

発行者　白水春人

発行所　株式会社 光明思想社
〒一〇三―〇〇〇四
東京都中央区東日本橋二―二七―九 初音森ビル10F
電話〇三―五八二九―六五八一
郵便振替〇〇一二〇―六―五〇三〇二八

装　幀　松本 桂
本文組版　ショービ
印刷・製本　凸版印刷
カバー・扉彫刻　服部仁郎作「神像」©Iwao Hattori,1954

ISBN978-4-86700-011-3